질문하고 소통하는 아이로 키우는

말하기의 힘

질문하고 소통하는 아이로 키우는

말하기의 힘

김창룡 지음

말하기 능력은
경쟁력 이전에
생존 조건이다

우리는 매일 말을 하며 살아갑니다. 사람은 혼자 살 수 없기에 말을 통해 관계를 맺고 일을 합니다. 말 한마디에 기분이 좋아지기도 하고 말 때문에 상처받기도 합니다. 그런데 말하는 스킬을 가르쳐야 한다는 인식은 부족한 것 같습니다. 말 때문에 실패할 수도, 성공할 수도 있다는 걸 생각하면 아이가 어려서부터 가장 신경을 써야 하는 것이 바로 말 교육인데 말입니다. 사회가 변화하면서 말하기 능력이 학교와 사회에서의 성공과 더욱 밀접하게 연결된다는 것을 부모가 먼저 인식해야 합니다.

학교에서 발표 수업이 늘어나는 추세이고 대입에서도 말하기 능력이 강조되고 있습니다. 입시제도에서 구술고사와 면접이 도입된 지 오래입니다. 자사고에 입학하기 위해서도 자기소개서를 써야 하죠. 그런데 이를 위해 그저 사교육을 시키면 해결된다고 생각하는 부모가 많습니다. 그러나 말과 글은 하루아침에 향상시킬 수 있는 게 아닙니다. 게다가 자사고나 대학교에 시험을 칠 정도로 공부를 열심히 했으면서 면접이나 논술, 자기소개서를 혼자 준비하지 못한다니, 이건 뭔가 잘못됐다는 생각이 듭니다.

제 아들도 자사고를 나왔습니다만 고등학교에 진학할 때, 해외 대학교에 지원할 때도 스스로 준비했습니다. 논술이나 면접은 어느 날 갑자기 되는 게 아닙니다. 그리고 자기소개서는 말 그대로 자기 자신을 표현하는 것인데 다른 사람이 코치를 해준다는 게 어불성설이 아니면 뭐겠습니까.

인류 역사상 유례가 없는 1인 미디어의 시대입니다. 누구나 미디어가 되어 자신을 표현할 수 있는 시대를 맞았습니다. 손안의 스마트폰으로 누구나 영상을 찍고 누군가를 향해 말해서 전 세계 사람이 보게끔 할 수 있습니다. 우리 아이들이 장래 희망으로 많이 꼽는 유튜버만 해도 어떻습니까. 말을 잘하는 게 성패를 가늠할 정도로 중요한 요건이 되었습니다.

우리 어른들은 문제만 잘 풀면 좋은 대학교에 가서 좋은 직장에 취직할 수 있었습니다. 말은 아끼는 게 미덕이고 자신을 표현하면 모난 돌로 찍혀 정 맞는 시대를 살았습니다. 하지만 4차 산업혁명 시대를 살아갈 아이들의 환경은 전혀 다릅니다. 인공지능과 공존하고 로봇과 경쟁하는 세상입니다. 사람처럼 말한다는 인공지능도 아직 장시간 맥락이 이어지는 자유 대화는 할 수 없습니다. 말하기와 듣기를 통해 상대방과 공감하고 교감하는 능력은 인공지능과 구별되는 인간의 경쟁력입니다.

　　많은 부모가 자녀의 머릿속에 지식을 집어넣는 데에만 혈안이 되어 있지만 넣기만 해서 아무런 소용이 없습니다. 인풋이 있으면 아웃풋이 있어야 합니다. 많은 것을 경험하고 독서나 주변 사람들과의 대화를 통해 간접경험과 지식, 그리고 지혜를 얻어야 합니다. 그렇게 습득한 것을 말과 글로 잘 표현하는 사람이 성공합니다. 이를 통해 자신의 개성과 매력을 드러내는 사람이 사랑받고 행복한 삶을 살 수 있습니다. 그래서 수학 문제 하나 더 푸는 것보다 부모와 친구들과 혹은 이웃과 말 한마디 더 하는 게 경쟁력이 될 수 있습니다.

　　이런 이야기를 하면 독자 여러분은 궁금할 것입니다. 이런 책을 쓰는 저는 아이들을 어떻게 키웠는지 말입니다. 제 경험 및 노하우를 공유하는 책인 만큼 제 아이들에 대해서도 이야기하고자 합니다.

　　저도 부모가 처음이었던 만큼 시행착오가 많았지만 고맙게도 아이들은 기대 이상으로 잘 커주었습니다. 첫째 아이인 아들은 가지고 태어난 능력이 뛰어났습니다. 아들이 세 살 때, 제가 영국에서 유학할 때였는데 영재 학교에서 테스트를 했더니 '포토그래픽 메모리', 즉 책의 글자를 사진을 찍듯 외우는 기억력이 있다고 했습니다. 그러나 아들이 불행한 천재보다는 평범한 행복을 누리길 바랐기에 영재교육은커녕 선행 학습도 시키지 않았습니다. 한국에 돌아와 초등학교부터 고등학교까지 다녔는데 책을 좋아해서 굳이 시키지 않아도 스스로 책을 읽는 아이였어요. 후에 아들은 미국 일리노이대학교를 수석 졸업하고 영국 케임브리지대학원을 거쳐 현재는 한 공기업에서 일하고 있습니다. 다들 공기업이 최고라고 말하지만 저는 아들에게 안전한 길만을 좇기보다 더 도전해 보라고 언제나 말합니다.

딸은 아들과는 다른 재능을 가지고 태어났습니다. 어려서부터 춤과 노래를 무척 좋아했습니다. 보통의 우리나라 부모라면 공부보다는 춤과 노래에 열정적인 아이를 걱정할 만도 하지만 딸의 적성을 살릴 수 있는 환경을 마련해 주고 싶었습니다. 10대에 홀로 영국으로 유학을 떠난 딸은 '페기 구'라는 이름의 DJ이자 음악 감독, 패션 디자이너로 세계를 무대로 활동하고 있습니다. 2018년 영국 AIM 뮤직어워즈에서 올해의 노래상을 받았고 2019년 〈포브스〉에서 꼽은 아시아에서 영향력 있는 리더 30인에도 선정되는 등 자신의 재능을 마음껏 펼치고 있습니다. 둘 다 자신의 적성에 맞는 최고의 일을 택해 충실한 삶을 살아가고 있으니 부모로서는 이보다 더 기쁠 수가 없습니다.

이처럼 전혀 다른 성향의 두 아이를 어떻게 성공적으로 키워낼 수 있었냐는 질문을 많이 받습니다. 저는 기자였고 언론인이었기에 말하기 능력이 곧 성공으로 연결된다고 믿었습니다. 그도 그럴 것이, 질문을 잘하는 기자가 성공하는 기자이고, 질문을 잘하려면 말을 잘해야 하기 때문입니다. 그뿐 아니라 사회와 회사에서의 경험을 통해, 말하기 능력은 행복한 삶을 꾸려가는 데 가장 중요한 열쇠라는 것을 알게 되었습니다. 어떻게 말하고 글을 쓰느냐에 따라 상대방을 설득하고 때로는 감동시킬 수도 있기 때문입니다. 사실 저는 말과 글로 살아왔다고 해도 과언이 아닙니다. 제 인생의 위기 때마다 저를 구한 것이 말과 글이었고, 말과 글은 경쟁력이기 이전에 생존 조건이었습니다.

그래서 아이들을 키울 때도 말하기 능력을 키우는 데 각별히 신경을 썼습니다. 여기서 말하기 능력이란 단순히 달변가라든가 남을 감언이설로 속이는 걸 말하는 게 아닙니다. 자신을 잘 표현하고, 타인과 효과적으로 소통하는 말하기 능력을 뜻합니다. 또한 말과 글은 연결되어 있기에, 글을 잘 쓰고 언어를 잘 활용하는 능력을 가르치려고 노력했습니다. 그리하여 제가 두 아이를 기르고 대학교에서 학생들을 가르치며, 방송통신위원으로 일하며 깨우친 말하기 교육법을 이 책에 모두 담았습니다.

먼저 챕터 1에서는 왜 말하기 능력이 중요한지 설명합니다. 진학과 사회적 성공, 삶의 행복을 위해 말하기 능력을 갈고닦아야 합니다. 그리고 챕터 2에서는 아이의 첫 번째 스승으로서 부모가 가정에서 할 수 있는 말하기 교육법을 소개합니다. 유대인 부모들은 하브루타 대화법을 통해 아이가 태어나면서부터 자기표현력과 사고력을 키워줍니다. 집안 행사나 여행 등 일상의 모든 것이 아이의 말하기 능력을 키우는 기회입니다. 마지막으로 챕터 3에서는 발표나 스피치와 같은 실전 말하기 연습과 함께 논술을 가르치는 방법에 대해서도 알아봅니다. 초등학교 때 일종의 밑작업을 해두면 아이가 자라서 진학을 하거나 취업할 때 부모가 신경 쓰지 않아도 자기주도적으로 해나갈 힘을 기를 수 있습니다.

아이들의 문해력이 떨어진다는 얘기를 많이 합니다. 문해력은 단순히 글을 쓰고 이해하는 능력만을 말하는 것이 아니라 말하기와 듣기를 포함해 언어의 모든 영역을 잘 구사할 수 있느냐 하는 것입니다. 언어의 영역들은 결국 서로 밀접하게 연결되어 있기 때문에 읽기를 이야기하면서 쓰기에 대해 말하지 않을 수 없고, 말하기를 이야기하면서 듣기를 논하지 않을 수 없습니다.

이 책은 특히 말하기 능력을 키우는 데 집중했지만 결국에는 언어의 모든 영역을 포함하고 있습니다. 여러 가지 방법을 제시하고 있지만 핵심은 애정과 관심을 가지고 아이와 대화를 많이 하는 것입니다. 이것만 명심한다면 그 외의 방법론은 여러분이 할 수 있는 범위 내에서, 그리고 아이가 즐거워하는 한도 내에서 시도해 보기 바랍니다. 비록 서툴지라도 부모의 사랑과 노력으로 아이는 성장할 것이고 그것이 아이에게 평생의 자산이 될 것입니다.

차례

CHAPTER 3

발표에서 논술까지, 실전 말하기 훈련

말 잘하는 아이가
성공한다

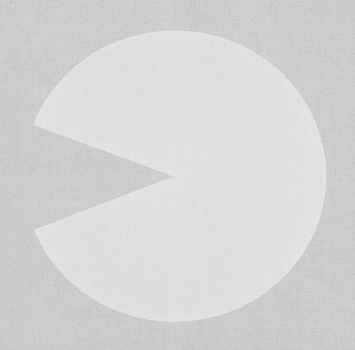

CHAPTER 1

"

우리 아이는 왜
말을 못할까

"

말 잘하는 아이가 성공한다

대입 면접을 망치는 아이는 이유가 있다

　　신문방송학과 교수로 재직하던 시절, 해마다 입시 철이 되면 수험생들의 수시 면접을 봤습니다. 입시 면접에서는 자신의 지식과 생각을 잘 표현하는 게 중요합니다. 그냥 말만 잘한다고 되는 게 아니라 질문의 핵심을 파악하고 본인의 생각을 논리적으로 펼치며 상대방을 설득하는 능력을 보는 게 바로 입시 면접입니다.

　　많은 학생을 보다 보니 수험생들이 문을 들어설 때부터 대충 감이 옵니다. 쭈뼛쭈뼛하며 들어와서 눈도 못 맞추고 기어 들어가는 목소리로 더듬더듬 말하는 학생이 있는가 하면, 들어올 때부터 면접관들과 눈을 맞추고 자신감 있게 자신의 생각을 표현하는 학생도 있어요. 물론 후자의 학생들도 긴장한 모습은 역력합니다. 학생들이 긴장하는 건 자연스러운 일입니다. 자신감이 있다는 건 큰 소리로 외치는 걸 말하는 게 아닙니다. 긴장하거나 신중한 것과 자신감이 없는 건 다른 거죠. 긴장한 와중에도 차분한 목소리로 신중하게 이야기하는 학생들에게서는 자신의 생각을 자신의 언어로 말하고 있다는 자신감이 느껴집니다.

　　많은 사람이 착각하는 것이, 달변가는 무조건 면접에서 유리할 거라고 생각하는 것입니다. 하지만 면접관들은 화려한 언변보다는 말의 내용에 집중합니다. 다소 어눌하더라도 내용이 논리정연한지,

질문의 맥락에 맞는지, 자신의 주장을 잘 뒷받침하고 있는지 등을 봅니다.

언뜻 들으면 말은 청산유수처럼 하는데 가만히 들어보면 내용이 없거나, 다른 사람이 준비해 준 걸 달달 외워서 들어온 학생은 티가나요. 면접은 일방적인 발표가 아니라 대화에 가깝기 때문에 자기가 준비한 말만 하려고 하면 아무래도 부자연스럽고 진실성이 없어 보이죠. 면접관의 후속 질문에 대응하기도 어려워서 질문과 상관없이 준비한 말만 하다가 돌아가는 학생도 적지 않습니다.

심지어 이런 적도 있어요. 수험생에게 최근 감명 깊게 본 책이 있냐고 물었습니다. 한 권이 있다더군요. 그래서 다시 물었습니다.

"그 책에서 어느 부분이 가장 감동적이었는지 얘기해 줄 수 있을까요?"

"… 기억 안 나는데요."

거짓말을 하는 거라고 해도 문제고, 정말 감동받은 부분이 있는데 말을 하지 못하는 거라고 해도 문제입니다. 이런 식으로는 어떤 면접관도 설득할 수 없습니다.

말하기는 하루아침에 향상할 수 있는 게 아닙니다. 전문 선생님을 붙여 면접을 가르친다고 잘할 수 있을까요? 실전 면접에 선생님이 함께할 수 있는 것도 아닌데 말입니다. 면접에서 필요한 스킬이 있을 수 있지만 근본적으로 말을 잘하는 아이와 못하는 아이를 구분할 눈을 면접관이라면 다 가지고 있습니다.

어린아이를 봐도 자기 의사를 잘 표현하는 아이도 있고, 우물쭈물 말을 제대로 못 하는 아이도 있습니다. 어른이 말을 걸면 부모 뒤에 숨어버리는 아이도 있습니다. 집에서는 재잘재잘 잘 떠드는데 밖에서는 자신감 없어 하고 표현을 잘하지 못하는 아이도 있어요. 말이 많다고 해서 무조건 말을 잘한다고 하기도 힘든 이유입니다. 말을 빠르게 한다고 해서 말을 잘한다고 하기도 힘듭니다. 말을 한다는 건 기본적으로 상대방과 소통하는 것이기 때문에 다른 사람의 말을 이해하고 자신의 생각과 느낌을 적합한 언어로 표현할 줄 아는 아이가 진짜 말 잘하는 아이입니다.

자녀가 말을 잘하지 못하면 부모로서는 여간 걱정되지 않을 수 없습니다. 예를 들어 다른 친구가 장난감을 뺏어가거나 때리거나 해도 아무 말도 하지 못한 채 울음을 터뜨리는 아이를 보면 부모는 애가 탑니다. 자기주장을 똑 부러지게 하고 싫거나 좋다는 의사표현을 분명히 하지 못하면 부당한 상황에서도 대처하지 못할 수 있습니다. 교우관계를 매끄럽게 이어가지 못할 수도 있고 학업에도 지장을 받게 됩니다. 그렇다고 무조건 말을 시킬 수도 없고 부모가 계속 따라다닐 수도 없는 노릇이니 걱정만 됩니다. 아마 이런 고민을 하는 부모가 많을 것입니다.

질문하지 않는 아이들

제가 대입 면접을 볼 때 보통 한 번에 학생 다섯 명이 들어왔습니다. 면접을 보고 끝나기 전에 항상 "오늘 준비해 왔는데 말하지 못한 게 있으면 손 들고 얘기해 보세요."라고 주문했어요. 그러면 학생들이 가장 처음 보이는 행동이 뭔지 아십니까? 다른 학생들 눈치를 봐요. 그러다가 누구 하나 용기 있는 학생이 손을 들고 말하잖아요? 그러면 연달아서 다른 학생들도 손을 들어요.

무슨 말을 하기 전에 주변을 살피고 눈치 보는 습관은 어릴 때부터 가정과 학교에서 형성된 것입니다. 더 나아가서는 우리 사회의 분위기가 아이들을 이렇게 만든 것입니다. 저는 항상 이 점이 참 안타까웠습니다.

학부모 여러분은 아이를 학교에 보낼 때 뭐라고 말씀하십니까? "선생님 말씀 잘 들어야 해." 아마 대부분의 부모가 '선생님 말씀 잘 듣기'를 강조할 겁니다. 그리고 아이가 학교에서 돌아오면 "선생님 말씀 잘 들었니?"라고 묻죠. 유대인들은 다릅니다. 등교하는 아이에게 "질문 많이 하고 와."라고 하고, 하교한 아이에게 "무슨 질문을 했니?" "선생님은 무슨 질문을 했니?" 같은 걸 물어봅니다.

유대인 부모들은 왜 질문을 강조할까요? 질문하기 위해서는 우선 수업을 잘 들어야 하고 그것을 소화해야 합니다. 수업을 잘 듣고 따라가는 것은 기본이고, 그것에 대해 질문할 수 있는 수준이 되어야 정말 그 수업을 자기 것으로 만들었다는 것입니다. 더 나아가 선생님이 가르치는 내용에 의문을 제기하거나 반대 의견을 펼칠 수도 있습니다. 이런 과정이 아이들의 사고력과 논리력 그리고 표현력을 키워줍니다. 그리고 아이들이 수업의 진정한 주체가 되는 거죠.

물론 학교에서 지식을 많이 습득하고 오는 것도 굉장히 중요하고 부모로서 아이에게 할 수 있는 주문입니다. 그러나 여기에는 '듣는 것'에 방점이 찍혀 있잖아요. 여기서 주체는 선생님이고 아이는 수동적으로 듣고 따르는 객체로 여기는 거죠. 이런 방식은 외워서 시험을 보는 주입식 교육에서는 효과적이었습니다. 그런데 장점이 있는 만큼 단점도 있죠. 아이가 수업에 적극적으로 뛰어들 수 없고 질문을 하거나 자신의 의견을 말하는 연습이 안 되는 겁니다. 대신 '이런 질문을 하면 남들이 어떻게 생각할까?' 눈치 보는 능력만 늘어납니다. 잘 듣는 건 기본이고 질문하는 훈련도 병행되어야 하는데, 우리의 교실은 잘 듣는 것에만 너무나 치우쳐 있다는 생각이 듭니다.

대학교에서 수업을 받을 때도 마찬가지예요. 강의가 끝날 무렵 질문이 있으면 하라고 말하는데, 질문하는 사람이 거의 없어요. 오죽하면 대학가에 이런 말이 있습니다.

"강의를 망치고 싶으면 질문하라고 해라."

왜냐하면 아무도 질문을 안 하니까 분위기만 안 좋아지거든요.

그런데 한번은 캐나다의 한 대학교에서 강의를 할 일이 있었는데, 그곳 학생들은 강의 중간에 벌써 질문을 하더라고요. 질문하라고 굳이 말하지 않아도 손을 번쩍번쩍 들어 질문을 합니다.

그렇지만 우리나라의 현실은 어떤가요? 대학 입시를 보러 온 고등학생들도, 대학생들도 왜 하나같이 이렇게 말하고 질문하는 데 자신이 없을까요? 왜 이렇게 눈치만 보는 걸까요? 서로가 서로를 속박하고 있기 때문이겠죠. 질문을 잘하면 잘난 척한다고 손가락질하고, 질문을 잘하지 못하면 바보 같다고 손가락질하니까요. "가만히 있으면 중간은 간다."는 말처럼 입 다물고 있는 게 안전하다는 걸 우리 아이들이 무의식중에 체득하는 겁니다. 모난 돌이 정 맞는 경험을 학교와 사회는 물론 가정에서도 하기 때문이에요. 질문을 하지 않는 건 죽은 교육입니다. 그런데 어릴 때부터 이런 교육에 익숙해져 질문할 줄 모르는 사람이 많습니다.

수년 전 버락 오바마가 미국 대통령이던 시절 한국에 와 기자 회견을 했습니다. 그때 정상회담의 주최국인 한국 기자들에게 먼저 질문 기회를 주었는데, 단 한 명도 손을 들지 않았고, 결국에는 중국 기자가 손을 들고 질문하는 일이 벌어졌습니다. 이에 대해 엄청난 비판이 있었습니다. "우리나라 기자 수준이 이 정도밖에 안 되느냐."는 한탄이 나왔죠. 기자야말로 질문하는 직업인데, 더군다나 우리나라에 큰 영향을 끼치는 미국 대통령에게 질문 한마디 못 하다니요. 기자 생활을 했던 저 또한 너무나 안타까웠습니다.

더 큰 문제는 이것이 기자들만의 문제가 아니라는 겁니다. 그 기자들은 소위 우리나라에서 좋다는 대학교를 나온 사람이고 그 어렵다는 언론고시에 붙은 사람들일 것 아닙니까. 우수하다는 사람들이 그 정도라면 대체 우리 교육은 아이들을 어떻게 가르치고 있는 걸까요.

현재 제가 속한 공무원 집단에서도 마찬가지이고, 보통의 사회인들을 대상으로 특강을 할 때도 마찬가지입니다. 질문하는 사람이 거의 없어요. 이렇듯 학교든 사회든 나서서 말하고 질문하다가 자칫하면 망신당한다는 분위기가 팽배합니다.

부모와는 다른 시대를 살아갈 우리 아이들

스웨덴의 환경운동가 그레타 툰베리를 아십니까? 2019년에 유명해진 이 환경운동가는 당시 겨우 열다섯 살이라 더욱 화제가 되었습니다. 툰베리는 학교에 가는 대신 스웨덴 의회 앞에서 '기후 변화를 위한 학교 파업'을 시작했어요. 세계 지도자들이 환경 문제 해결을 위해 더 많은 일을 해야 한다며 시위를 한 거죠. 이 시위가 전 세계로 퍼졌고 그레타는 2019년 유엔 기후행동정상회의에서 연설을 하기에 이릅니다. 전 세계 정상들 앞에서 "생태계 전체가 무너지고 대규모 멸종의 시작을 앞두고 있는데 당신들은 돈과 영원한 경제 성장이라는 꾸며 낸 이야기만 늘어놓는다.”고 말하며 “어떻게 감히 그럴 수 있느냐(How dare you).”라는 당당한 말투로 연설을 해서 화제가 되었습니다. 10대 청소년이 세계 지도자들을 꾸짖는 듯한 연설을 한 거죠. 그 연설문 중 일부를 한번 보시죠.

"저의 메시지는 ‘우리가 여러분을 지켜볼 것’이라는 것입니다. 이건 다 잘못된 것입니다. 저는 여기 있으면 안 됩니다. 저는 바다 반대편에 있는 학교에 가 있어야 합니다. 하지만, 여러분 모두는 희망을 위해 우리 젊은이에게 찾아옵니다. 어떻게 감히 그럴수 있습니까? 여러분은 공허한 말로 꿈과 어린 시절을 훔쳐갔지만, 저는 행운아 중 한 명입니다. 사람들이 고통받고 있습니다. 사람들이 죽어가고 있습니다. 생태계 전체가 붕괴되고 있습니다. 우리는 대량 멸종의 시작 지점에 있습니다. 그런데 여러분이 말할 수 있는 것은 돈과 영원한 경제 성장의 이야기뿐입니다. 어떻게 감히 그럴 수 있습니까? 30년 이상 과학은 명확했습니다. 필요한 정치와 해결책이 아직도 보이지 않는데, 어떻게 여러분은 이 자리에서 충분히 하고 있다고 말하며, 어떻게 계속 외면할 수 있습니까?"

어떻습니까, 정말 당당하지 않습니까? 이 연설을 한 뒤 툰베리는 같은 해 〈타임〉에서 올해의 인물에 선정되고 노벨평화상 후보로까지 선정되는 등 세계적으로 영향력 있는 인물이 되었습니다.

이런 툰베리를 두고 "버르장머리가 없다."든가 "어린애가 뭘 아느냐. 공부나 하라."고 말할 부모가 적지 않을 것 같습니다. 하지만 어른들도 긴장할 세계 지도자들 앞에서 당당하게 자신의 주장을 펼칠 수 있었기에 툰베리는 미래 세대의 아이콘이 되었습니다. 이런 사람이 바로 미래가 원하는 인재인 것이죠. 이를 지원해 주는 부모와 주변의 분위기가 없었다면 과연 이 아이가 이런 활동을 펼칠 수 있었을까요? 더 놀라운 건 툰베리가 '기후 변화를 위한 학교 파업'을 시작하기 전에 우울증을 겪으면서 말하기를 멈췄었다는 겁니다.

이때 툰베리의 부모는 딸의 회복을 돕기 위해 집에서 더 많은 시간을 보냈다고 합니다. 오페라 가수인 어머니는 공연 계약을 취소하면서까지 가족과 함께 보내면서 기후변화에 대해 토론하기 시작했답니다. 그리고 부모도 친환경적으로 행동을 바꿔가기 시작했습니다. 아버지는 툰베리가 유엔 회의에 참석하기 위해 비행기 대신 요트를 타고 대서양을 횡단할 때도 동행했고요. 딸의 행동을 '중2병'이라고 치부하지 않고 진지하게 대화하고 지지해 준 결과 말을 하지 않으려던 아이는 세계 무대에서 연설하는 아이가 되었습니다.

우리 부모들 세대만 해도 읽고 듣는 능력이 더 중요시되었습니다. 읽고 듣기만 잘해도 성적을 받고 취업도 할 수 있었죠. 말을 잘하지 못해도 학력만 좋으면 성공할 수도 있었습니다. 그러나 세상은 급격하게 변화하고 있습니다. 지식과 정보는 넘쳐나고 누구나 쉽게 획득할 수 있습니다. 많은 지식을 가진 것만으로는 부족합니다. 그것을 어떻게 나누고 전달하느냐, 어떤 말로 다른 사람의 마음을 움직이느냐 하는 능력이 경쟁력이 되었습니다. 이제는 말하기와 글쓰기 능력을 통해 자신을 효과적으로 표현하는 사람이 더 성공할 수 있습니다. 자기 자신을 브랜딩하고 홍보하는 능력이 성공으로 이어질 수 있는 시대입니다. 우리 아이가 어느 조직에서 남의 얘기를 듣기만 하는 아이로 자라기보다는 자신을 마음껏 표현하며 당당하게 살아가길 원하지 않으십니까. 그렇다면 말하기 교육에 주목해야 합니다.

학교에서 가르치지 않는 말하기 교육

사람이 의사소통을 할 때는 말하기와 듣기가 거의 대부분을 차지합니다. 말하기와 듣기는 다른 언어능력의 발달에도 영향을 미치고 학업성취도와도 높은 상관관계를 가집니다.

말하기 교육은 입시뿐 아니라 사회에 나갔을 때도 경쟁력을 좌우합니다. 교육 선진국에서는 이미 말하기 교육을 중요시해 왔습니다. 그런데 우리나라의 교실에서는 말하기 교육이 뒷전으로 밀려나기 일쑤입니다. 선생님이 일방적으로 말하고 아이들은 수동적으로 듣기만 합니다. 학급에서 토론 수업 등을 해도 형식적으로 끝나기 마련이고 교사의 수업을 수동적으로 듣는 형태가 태반입니다. 말하기라는 것이 시험 형태로 평가하고 채점하기가 까다로운 탓일까요. 그러나 읽기와 쓰기, 말하기와 듣기, 네 영역을 통합적으로 가르쳐야 하는 언어 교육은 일방적인 방식으로는 한계가 있습니다.

입시에서 수시가 확대되면서 면접이나 논술, 자기소개서가 중요해졌죠. 서울대, 연세대, 이화여대 등 면접을 치르는 대학교가 많은데 면접 준비는 하루 이틀 연습해서 되는 게 아닙니다. 사교육으로 해결하기도 어렵습니다. 어려서부터 말하기 교육이 안 되어 있는 학생은 불리할 수밖에 없죠.

2010년 우리나라를 휩쓴《정의란 무엇인가》라는 책이 있습니다. 하버드대학교 마이클 샌델(Michael Sandel) 교수가 쓴 책으로 하버드대학교 1학년생들이 듣는 강의를 책으로 옮긴 것입니다. 이 강의를 EBS에서 방영해 준 적이 있었는데 이 또한 반응이 뜨거웠습니다.

이 강의가 인상적인 건 토론식이라는 겁니다. 토론식이라고 하니까 열댓 명이 들을 것 같죠? 아닙니다. 무려 1천여 명의 학생이 수강하는 대형 강의입니다. 그런데도 샌델 교수는 학생들과 끊임없이 상호작용하며 수업을 진행합니다. 샌델 교수가 학생들 이름을 부르며 의견을 물어보면 학생들은 나머지 999명의 눈치를 보지 않고 자유롭게 자기 의견을 말합니다. 정답을 묻는 게 아니라 그 학생의 의견을 묻는 겁니다. 이 사실을 교수도 학생들도 너무나 잘 알고 있기 때문에 어느 누구도 눈치 보지 않고 자신의 의견을 말합니다.

이 강의를 보면서 같은 대학교수인 저는 우리와 다른 교육 방식이 참 부럽다는 생각을 했습니다. 정답만 강조하는 우리 교육에서는 본 적도 들은 적도 없는 수업 방식이니까요. 우리나라 학생들은 어려서부터 토론식 수업에 익숙하지 않습니다. 수업 시간에는 입을 꾹 다물고 선생님이 말하는 걸 잘 받아 적는 게 좋은 학생이라고 교육받아 왔습니다. 그런 아이들이 대학교에 온다고 바뀔 리가 있겠습니까?

하루 종일 수업을 듣고 수업이 끝나면 혼자서 책과 씨름하는 우리 아이들, 그렇게 해서 시험을 보고 나면 다 잊어버리죠. 무조건 엉덩이가 무거워야 한다며 아이들을 고통스럽고 외로운 싸움으로 내몰고 있지는 않습니까. 그렇게 해서 좋은 성적을 받은들 사람들과 소통하는 능력은 떨어지는 아이가 될지도 모릅니다. 또한 그렇게 외운 지식은 인공지능이 훨씬 잘 알고 있는 시대입니다.

사실 역사적으로 석가모니, 공자, 소크라테스, 예수 등 성인으로 꼽히는 인물들은 문답, 즉 질문과 답변을 통해 제자들과 소통하고 가르침을 줬습니다. 이것이 효과적인 교육법이라는 걸 아주 오래전부터 우리 인류는 알고 있었던 거죠. 묻고 답하는 과정을 통해 지식과 지혜를 얻을 뿐 아니라 스스로 사고해서 깨닫고 소통하는 능력, 말하는 능력도 향상됩니다.

말하기는 일종의 기술입니다. 누구나 훈련을 통해서 충분히 갈고닦을 수 있습니다. "말재주가 좋다."라고 하는데 말하기 능력이 꼭 타고나야 하는 것은 아닙니다. 그런데 아이들의 미래 경쟁력은 물론 생존을 위해 꼭 필요한 말하기 교육을 학교가 등한시하는 것은 안타까운 현실입니다.

우리 아이들은 어릴 때부터 학교에서 말하기 훈련을 받아온 선진국 학생들과도 경쟁해야 합니다. 그러나 하루아침에 교육 현실을 바꿀 수는 없죠. 그래서 가정에서의 말하기 교육이 필요하고 부모의 역할이 중요합니다. 어릴 때부터 가정에서 아이에게 말하기 능력을 키워준 부모라면 사교육이니 뭐니 돈을 들일 필요도 없습니다. 부모로서 아이에게 해줄 수 있는 가장 좋은 교육이 바로 말하기 교육입니다. 부모가 먼저 말하기 능력의 중요성을 인식해야 합니다.

말하기 능력이
아이의 인생을
결정한다

말 잘하는 아이가 성공한다

말 잘하는 아이가 공부도 잘한다

말하기에 능숙한 학생과 미숙한 학생, 이 차이는 어디서 오는 걸까요? 바로 자기 표현력의 차이입니다. 어느 조직에서나 자기 표현력이 부족한 사람은 진학과 취업, 업무와 승진 등 인생을 살아가며 모든 면에서 불리한 게임을 하게 됩니다. 현대사회에서는 자신의 능력을 어필하는 말하기 능력이 특히 중요합니다.

말을 잘한다는 건 무조건 말을 많이 하거나 남들 앞에서 재미있는 이야기를 잘한다거나 하는 차원의 문제가 아닙니다. 머릿속에 들어 있는 지식이나 정보를 재구성해서 논리정연하게 말할 수 있느냐가 중요한 거죠.

무엇보다 부모들이 가장 걱정하는 것이 학업일 텐데요. 말을 잘하는 아이가 공부도 잘합니다. 그리고 어릴 때 말을 잘하는 아이가 다른 아이보다 지능이 좋다고 알려져 있어요. 말을 잘하려면 우선 책이나 경험으로 얻은 정보나 지식을 이해하는 능력이 필요합니다. 또한 내용을 요약하거나 취합하는 능력도 필요하고 어떤 사건의 인과관계나 함의를 파악하는 능력도 필요하죠. 이처럼 말을 하는 과정에서 논리력, 사고력, 분석력 등을 키우게 되는데, 이는 공부를 잘하기 위해 갖춰야 하는 능력과 일치합니다. 따라서 말하기 연습을 하면 학업과 관련된 능력을 향상시킬 수 있습니다. 말하기 훈련이 곧 공부를 잘하는 훈련인 셈입니다.

아이들은 초등학교에 입학하면서부터 본격적으로 사람들 앞에서 말하는 상황에 자주 처하게 됩니다. 친구들 앞에서 자기소개를 해야 하고 수업 시간에 발표도 해야 하며 친구들과 토론 수업을 하기도 합니다.

말하기 능력은 학교생활은 물론 시험과 입시에서도 중요한 비중을 차지합니다. 중고등학교 때 수행평가는 내신에 큰 영향을 끼치죠. 과정 중심의 평가가 중요해지면서 지필평가보다 수행평가의 비중이 커지는 추세이기도 합니다. 수행평가에는 여러 가지 유형이 있는데 학생들이 토론하는 것을 보고 평가하는 토론법, 특정 주제에 대해 질문해서 발표하도록 하는 구술시험, 대화를 통해 평가하는 면접법 등이 있습니다. 모두 말하기 능력이 필요하죠. 그 외에 논술, 감상문, 에세이 등 글쓰기 능력이 요구되는 유형도 있습니다. 결국 언어능력이 굉장히 중요한 거죠.

자사고에 입학하기 위해서도, 대학교에 가기 위해서도 자기소개서를 쓰고 면접을 치러야 합니다. 입시에서도 면접과 논술을 치는 만큼 자신이 학습한 것을 100% 표현할 수 있는 학생이 좋은 대학교에 갑니다. 취업을 할 때도 마찬가지고요. 사실 우리가 살아가는 일이 모두 이런 말과 글의 연속입니다.

말 잘하는 아이가 영어를 비롯한 외국어도 잘합니다. 외국어를 배우는 것도 아이가 처음 모국어를 배우는 과정과 같습니다. 처음에는 많이 들어서 귀가 트여야 하고, 다른 사람의 말을 모방하면서 실력이 향상됩니다. 그리고 무조건 말을 많이 해봐야 해요. 그래서 수다스러운 사람이 외국어를 잘한다는 말을 합니다. 머릿속에서 완벽한 문장을 만들어서 말하려고 하는 것보다 조금 부족해도 직접 말을 하면서 배우는 게 훨씬 큽니다. 또한 앞서 말했듯 머릿속의 지식을 효과적으로 표현하는 모국어 능력을 가진 사람은 외국어를 배울 때도 그 능력을 발휘할 수 있습니다. 결국 말을 잘하는 사람은 언어와 관계없이 말을 잘합니다.

말 잘하는 아이는 지식이나 정보를 흡수한 다음 자기 생각으로 정리해 말로 다시 표현할 수 있습니다. 이것이 학업과 직결된다는 점을 명심합시다. 말하기 훈련을 제대로 한다면 말만 잘하는 아이가 될 수가 없습니다. 말을 잘하고, 그래서 공부도 잘하는 아이로 자랄 것입니다.

말 못하는 사람은 승진할 수 없다

중국 당나라에서는 관리를 등용하는 시험에서 평가 기준으로 삼는 네 가지가 있었습니다. 이것을 '신언서판(身言書判)'이라고 해서,

신(身)은 사람의 풍채, 언(言)은 언변, 서(書)는 글에서 묻어나는 품격, 판(判)은 판단력을 말합니다. 인상이 좋고 말을 잘하고 글을 잘 쓰며 판단력이 좋은 사람이 리더에 적합하다는 것이죠. 이것이 우리나라에도 전해져 인재를 등용하고 평가하는 기준이 되어왔습니다. 말과 글을 얼마나 중시해 왔는지 알 수 있죠. 이 기준은 지금도 크게 다르지 않습니다.

사회에서 특히 말하기 능력이 중요한 이유는 이것이 의사소통 능력으로 연결되기 때문입니다. 한국고용정보원이 2008년 5~11월 608개 직업에 종사하는 2만여 명을 대상으로 조사한 바에 따르면 고임금 종사자의 공통된 특징은 의사소통 능력이었습니다. 의사소통 능력이 임금 수준을 결정한다는 거죠. 구체적으로 보면, 다른 사람의 말을 듣고 이해하는 능력과 업무 관련 문서를 읽고 이해하는 능력에서 고임금 근로자의 평균 점수는 7점 만점에 각각 5.05점과 5.1점으로 저임금 근로자보다 0.91점씩 높았습니다. 또 글쓰기 능력에서도 고임금 근로자가 저임금 근로자에 비해 0.8점 높았습니다. 김한준 고용정보원 직업연구센터장은 "좋은 직업을 갖고 그 직업에서 자신의 능력을 발휘하기 위해서는 다른 사람의 이야기를 잘 듣고, 글로 자신의 의사를 효과적으로 표현하며, 합리적인 의사 결정을 할 수 있는 소통 능력을 키워야 한다."고 말했죠.

사회생활을 해본 사람이라면 누구나 공감할 거예요. 말하기 능력에 따라 상사나 동료, 고객의 마음을 사로잡을 수 있고 자신을 잘 어필할 수도 있습니다. 말은 상대를 움직일 수 있는 강력한 무기가 됩니다. 그렇기 때문에 의사소통의 가장 중요한 수단인 말을 정복해야 합니다.

방송통신위원으로 있으면서 저는 고위 공무원들에게 보고를 받을 일이 참 많습니다. A과장은 아주 깔끔하게 보고를 잘하고, 제가 잘 모르거나 이해가 되지 않는 부분에 대해서 추가로 질문을 하면 그것도 아주 설명을 잘합니다. 내용 숙지가 잘되어 있을 뿐 아니라 설명도 잘하는 거죠.

그런데 B과장은 설명을 잘 못할 뿐만 아니라 제가 "이 부분은 왜 이렇게 됐죠?"라고 물으면 우물쭈물하다가 "제가 확인해 보고 오겠습니다."라고 합니다. 그 과장도 아랫사람에게 보고받은 걸 그대로 반복만 했기 때문에 내용을 잘 모르는 것입니다. 그래서 질문에 답변할 준비가 안 되어 있고요. 이런 사람은 보고를 잘하고 싶어도 잘할 수가 없습니다.

한두 번은 그럴 수 있습니다. 하지만 이것이 반복되면 평판에도 영향을 주게 됩니다. 상사인 입장에서 A과장은 신뢰하게 되고 더 일을 맡기고 싶어집니다. 의논할 일이 있으면 A과장과 의논하고 싶고요. 반면 B과장의 능력에 대해서는 의심을 하게 되고, 이런 일이 반복되면 능력 없는 사람으로 확정 짓게 됩니다. 저뿐만 아니라 사회생활을 하는 사람이라면 누구나 그럴 거예요. 차관회의에 가도 차관들이 그냥 써준 보고만 하는 것이 아니라 장관이 질문을 해요. 사안에 대한 파악이 돼 있는 사람들은 잘 대처하지만 그렇지 않은 사람은 신뢰를 잃게 됩니다.

승진하는 사람들을 보면 대부분 설명을 잘합니다. 기본적으로 업무 숙지가 잘되어 있기 때문에 윗사람의 질문에 답변할 준비도 되어 있어요. 물론 조직 생활에서는 정치적인 이유도 영향을 끼칠 수 있지만 그건 예외적인 경우이고, 대부분은 어느 정도 자격을 갖춘 사람이 승진하게 마련입니다. 상사에게는 업무 보고를 잘하고 부하 직원들과는 소통을 잘하는 사람이 승진하는 게 일반적이죠.

국가기관에서도 고위직으로 갈수록 말과 글이 중요해집니다. 국가 행정도 현장의 문제점을 파악하고 대책을 마련하고 필요하면 법과 제도를 만들거나 개정하는 일이거든요. 궁극적으로는 문서화하고, 국회나 사업자, 소비자 등을 설득하고, 법안을 만들어서 법제처나 국무회의에서 통과시켜야 합니다. 이처럼 중요한 국가 중대사도 말과 글로 다 이루어지고 있다는 것이죠.

사기업이라고 다르지 않습니다. 기획서를 써서 상사를 설득해야 하고, 성과를 내기 위해 노력하는 동시에 그 성과를 알기 쉽게 프레젠테이션하는 능력이 성공의 열쇠입니다. 프레젠테이션을 잘하거나 상사의 질문에 답변을 잘하는 사람이 승진하지 않겠습니까. 이것을 잘하기 위해서는 물론 사전에 충분한 지식과 정보가 있어야 하고요.

따라서 내 아이를 출세시키고 싶다면 말 잘하는 아이로 만들어야 합니다. 말만 잘하는 게 아니라 신뢰감 있는 행동이 따라야 하고요. 말과 행동이 괴리되지 않고 잘 어우러지는 사람이 성공합니다. 이런 사람은 노력해서 어느 선까지만 올라가면, 그다음은 말하기 능력 덕분에 특별히 운이 나쁘지 않다면 더욱 성공할 수 있습니다.

저는 이것을 직접 경험한 사람이기도 합니다. 여러모로 부족한 제가 방송통신위원이 된 것도 말하기 능력, 더불어 글 쓰는 능력 덕분이었기 때문입니다. 제가 그동안 쓴 논문이나 칼럼, 방송 등이 긍정적인 평가을 받았을뿐더러 면접을 볼 때도 제 전문지식을 말로써 충분히 보여주었습니다. 결코 쉽지 않은 검증 과정을 통과한 것은 결국 말과 글이었습니다. 교수직을 은퇴할 시기에 사회에서 귀중한 역할을 할 기회를 얻은 것이 얼마나 감사한 일인지 모릅니다. 이 또한 말과 글이 제게 준 선물입니다.

이 자리에 와서 말과 글의 중요성을 다시 한 번 느꼈습니다. 방송통신위원들은 회의를 열어 현안을 논의하는데, 합의제이기 때문에 충분한 토론을 통해 결정을 합니다. 장관급 한 명과 차관급인 위원들 네 명이 토론 후 합의를 통해 일을 결정하는 거죠. 예상하듯이, 이 합의가 쉽지 않습니다. 쟁점이 있고 의견이 대립할 때 타협하고 조율하는 게 중요합니다. 결국에는 말로 서로를 설득하거나 양보를 끌어내거나 타협하는 겁니다. 그래서 말을 잘해야 하는 거죠. 위로 올라갈수록 말과 글이 이처럼 중요합니다. 우리 사회의 상위 1%는 거의 말과 글로 먹고사는 사람이라고 해도 과언이 아닙니다. 대통령 선거를 할 때도 TV 토론을 하죠. 말하는 걸 보면서 국민은 그 사람을 평가합니다. 말은 중요한 선택의 기준이 될 정도로 중요합니다.

모두가 미디어인 시대, 말하기가 경쟁력이다

소셜미디어 시대입니다. 모든 사람이 손안에 스마트폰, 곧 미디어를 들고 다니는 시대입니다. 언제 어디서든 촬영하고 그것을 인터넷상에 공유할 수 있는 거죠. 아이들도 초등학생만 되면 스마트폰을 손에 들게 됩니다.

인터넷에서 SNS를 통해 소통하고 자신을 표현하는 것이 기본이 된 우리 아이들에게는 특히 말하기 능력이 중요합니다. 1인 미디어란 개인이 미디어의 주체이자 제작자가 되는 것입니다. 크리에이터(유튜버)가 우리 아이들이 선망하는 직업이 된 지는 오래되었습니다. 교육부와 한국직업능력개발원이 발표한 '2020 초중등 진로교육 현황 조사'에서 초등학생의 희망 직업은 1위 운동선수, 2위 의사, 3위 교사에 이어 4위가 크리에이터였습니다. 2019년 조사에서는 크리에이터가 3위를 차지했었고, 2018년에도 인터넷방송 진행자(유튜버)가 5위였습니다.

유튜버에도 여러 유형이 있고 콘텐츠도 중요하지만 결국 유튜버로 성공하기 위해서는 말하기 능력이 가장 중요합니다. 쉽게 말해서 말이 돈이 되는 세상인 겁니다. 무언가를 설명하거나 분석해 주는 채널, 게임이나 스포츠를 해설해 주는 채널, 심지어 자신의 이야기라도 재미있게 잘하는 채널 등이 인기를 얻습니다. 인기 있는 유튜브 채널을 보세요. 그런 채널의 크리에이터는 목소리가 좋고 발음이 좋아서 전달력이 높고 이해하기 쉽게 설명을 잘하고 표현력이 좋습니다.

예전에도 물론 언론처럼 말로 먹고사는 직업이 있었지만 진입 장벽이 높았죠. 하지만 이제는 말하기 능력만 뛰어나면 누구든 도전하고 성공할 수 있는 거예요. 아이러니한 것은, 아이들이 태어나면서부터 책보다 영상을 더 많이 접하며 자라다 보니, 말 잘하는 사람이 점점 줄어들고 있다는 거죠. 이를 거꾸로 보면, 그렇기 때문에 말하기 능력이 뛰어난 사람은 앞으로 더 성공할 기회가 많아질 겁니다. 디지털 미디어 세상에서는 말 잘하는 사람이 더욱 돋보입니다. 우리 아이들이 그런 시대를 살아가기 때문에 말하기 능력을 키우는 것은 무엇보다 중요합니다.

또한 디지털 시대에 현명하게 중심을 잡고 살아가기 위해서도 말하기 능력이 필요합니다. 미디어는 양날의 검과 같습니다. 아이들이 자유롭게 자신을 표현하고 타인과 소통하는 장을 얻은 반면 타인의 명예나 사생활을 침해할 위험도 있습니다. 또한 아이들이 처리하기 버거운 정보의 바다에 빠지는 일이기도 합니다.

이렇다 보니 미디어 리터러시 교육도 중요시되고 있습니다. 원래 리터러시(Literacy)란 인쇄 매체를 매개로 읽고 쓸 줄 아는 능력을 말하는데요. 디지털 시대가 되면서 미디어 리터러시, 즉 다양한 매체를 이해할 수 있고, 다양한 형태의 메시지를 활용해 자신의 생각을 표현하며 의사소통할 수 있는 능력이 중요해졌습니다. 교육부에서 발표한 '2022년 개정 교육과정'에는 미디어 리터러시를 모든 교과와 연계한다는 방침을 담았습니다. 정보의 바다와 같은 디지털 시대를 살아가기 위해서는 단편적인 지식을 습득하는 것보다 맥락을 파악하고 분석하며 복잡한 문제를 해결하는 역량이 중요해졌기 때문이죠.

우리 아이들은 이미 무분별한 정보의 바다를 헤엄치고 있습니다. 그중에는 아이들에게 유해하거나 허황된 정보, 편견과 혐오를 조장하는 내용도 많습니다. 다양한 디지털 미디어가 제공하는 정보를 선별할 수 있는 능력, 그것의 문제나 논리적 허점을 파악할 수 있는 비판력, 핵심 내용을 파악하는 통찰력 등이 필요합니다.

그러기 위해서는 기본적으로 문해력이 필요합니다. 즉, 지식과 정보를 읽고 제대로 이해할 수 있어야 합니다. 그리고 그것을 바탕으로 자신의 의견을 효과적으로 표현할 수 있어야 합니다. 말하기 능력이 뛰어난 아이는 들은 것을 소화하고 분석해서 자기 것으로 만들 수 있기 때문에 미디어의 수많은 정보에 휩쓸리지 않을 것입니다.

AI와 경쟁할 미래 인재는 말 잘하는 사람

4차 산업혁명 시대에 우리 아이들은 인공지능과 공존하며 살아가야 합니다. 이렇게 말하면 많은 사람이 수학과 과학만 잘하면 된다고 생각해요. 혹은 지금과는 전혀 다른 능력이 필요할 거라고 착각하죠. 하지만 그렇지 않습니다. 이런 시대에는 융복합적 인재가 요구됩니다. 수학과 과학만 잘한다고 되는 게 아니라 인문학적 소양을 지녀야 하고, 말하기를 비롯한 읽기, 쓰기, 듣기와 같이 가장 기본적인 학습이 여전히 중요합니다. 이런 기본적인 학습이 되어 있지 않으면 융복합적 인재가 될 수 없어요.

4차 산업혁명 시대에는 융합이 중요하기 때문에 미래 인재가 갖춰야 할 능력으로 꼽히는 것이 바로 협업하는 능력입니다. 융합이 무엇입니까, 다양한 분야와 연결해 새로운 가치를 만들어내는 거죠. 그러려면 다양한 분야의 전문가들과 협업할 수 있어야 하고, 협업을 위해서는 의사소통 능력이 중요합니다. 다른 사람의 말을 잘 들어주고, 공감해 주고, 자신의 생각과 느낌도 잘 표현하는 것이 의사소통의 기본이고 대인관계를 잘 가꾸는 기본적인 기술입니다.

　　로봇이 사람의 일을 상당 부분 대체할 거라고 하죠. 그렇다면 로봇과의 경쟁에서 살아남기 위해서는 인공지능이나 로봇으로 대체할 수 없는 인간만의 능력을 갈고닦아야 합니다. 그것이 바로 창의력이죠. 지식을 얼마나 많이 외우고 있느냐, 시험을 얼마나 잘 보느냐보다 중요한 건 자신의 재능을 마음껏 펼치는 것입니다. 그러기 위해서는 프레젠테이션 능력을 키워야 해요. 자신을 말이나 글, 춤이나 그림 등으로 표현하는 능력 말입니다.

　　이처럼 4차 산업혁명 시대에는 소프트 스킬(Soft Skill)이 중요한 역량이 될 것입니다. 소프트 스킬이란 상호작용 능력을 말합니다. 사실 이런 경향은 이미 진행 중입니다. 최근 채용 트렌드만 봐도 이 점을 잘 알 수 있는데요. 한 구인구직 플랫폼에서 431개 회사를 대상으로 '채용 시 소프트 스킬 평가 필요성'에 대해 물었더니 87.7%가 '필요하다.'고 답했다고 합니다.

　　그동안은 학력이나 자격증 등 소위 말하는 '스펙'이 중요했다면 이제는 의사소통과 팀워크, 책임감, 긍정적인 마인드 등을 보는 것이죠. 여기서도 중요한 것이 의사소통 능력입니다. 사람은 혼자 살 수 없지 않습니까. 회사뿐 아니라 학교에서도, 일상에서도 의사소통 능력이 중요해요. 그런데 의사소통은 언어로 하죠. 말하고 듣고, 회사에서는 특히 문서로 쓰고 읽기도 잘해야 합니다.

미국에서는 '21세기 기술을 위한 파트너십(Partnership for 21st Century Skills)'이라는 컨소시엄이 결성되어 21세기 학습자들에게 요구되는 필수 역량에 대한 연구를 진행하고 있습니다. 대학교와 대기업, 교육기관에서 참여하고 미국 교육위원회가 후원하는 이 컨소시엄에서 연구와 토론을 통해 2008년 미래 역량에 대한 보고서를 발표했습니다. 여기에서 미래 인재의 핵심 역량으로 꼽히는 것을 4C로 강조했습니다. 비판적 사고 능력(Critical Thinking), 창의성(Creatibity), 의사소통 능력(Communication Skill), 그리고 협업 능력(Collaboration)이 바로 그것입니다. 2000년까지만 해도 미국을 포함한 선진국에서 3R이라고 해서 독서(Reading), 글쓰기(Writing), 연산(Arithmetic)을 강조한 것을 생각하면 확실히 시대가 변했음을 알 수 있죠.

　　먼저 비판적 사고 능력은 체계적이고 논리적으로 생각하고 분석하며 결론을 도출하는 능력을 말합니다. 뭐든지 삐딱하게 보라는 뜻이 아니라 다른 사람의 말에서 모순을 찾아낼 수 있어야 합니다. 또한 내 의견을 뒷받침할 근거를 찾아서 말할 수 있어야 합니다. 두 번째, 창의성은 어떤 사물이나 사안을 새로운 관점으로 보고 아이디어를 떠올리는 능력입니다. 다른 사람이 어떻게 생각할지 두려워하지 않고, 다른 사람이 엉뚱하다고 생각하는 것일지라도 자신 있게 표현할 수 있어야 합니다. 세 번째, 의사소통 능력은 자신의 의사를 표현하고 다른 사람과 교류하는 능력입니다. 다른 사람의 말을 잘 들을 수 있어

미래 인재를 위한 4C

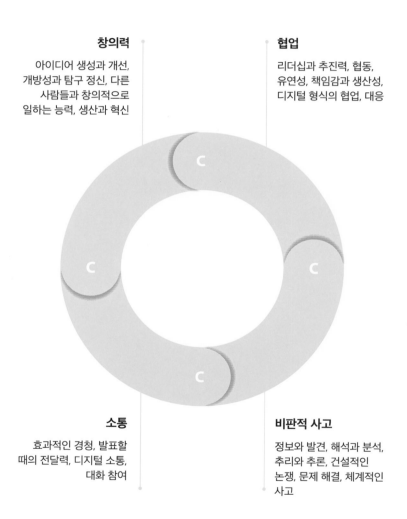

창의력

아이디어 생성과 개선,
개방성과 탐구 정신, 다른
사람들과 창의적으로
일하는 능력, 생산과 혁신

협업

리더십과 추진력, 협동,
유연성, 책임감과 생산성,
디지털 형식의 협업, 대응

소통

효과적인 경청, 발표할
때의 전달력, 디지털 소통,
대화 참여

비판적 사고

정보와 발견, 해석과 분석,
추리와 추론, 건설적인
논쟁, 문제 해결, 체계적인
사고

야 하고 자신의 말도 잘할 수 있어야 하는 거죠. 마지막으로 협업 능력
은 사람들과 힘을 합쳐서 어떤 일을 해낼 수 있는 능력입니다. 그러려
면 우선 사람들과 원만하게 지낼 수 있어야 하고 협동을 잘하고 적극
적이어야 합니다.

이런 4C 역량을 키우기 위해서는 어떻게 해야 할까요? 의사소
통과 협업을 위해서는 다른 사람의 말을 잘 들어야 하고 자신의 의견
을 효과적으로 전할 수 있어야 합니다. 비판적 사고 능력과 창의력 역
시 머릿속에만 남겨두어서는 아무런 변화도 일으킬 수 없습니다. 이
를 자신의 말로 효과적으로 표현할 수 있어야 해요. 결국 말하기 능력
은 미래 인재의 핵심 중에 핵심이 되는 역량입니다.

말 잘하는 아이가 행복한 삶을 산다

발표와 면접, 스피치뿐만 아니라 말은 일상에서 항상 필요하
죠. 사실 인생에서 봤을 때 일상에서의 말이 더 중요합니다. 왜냐하면
일상에서 말하기 능력은 인생의 행복을 좌우하기 때문입니다. 사람들
과 잘 공감하고 소통하며 진정성 있게 말하고 때론 설득할 수 있는 말
하기 능력이 삶을 행복하게 만듭니다. 우리네 인생살이는 말로 시작
해서 말로 끝난다고 해도 과언이 아닙니다. 인간은 언어의 동물이니

까요.

학교에 가서 친구들에게 어떻게 말을 걸고 대화를 나누느냐는 아이의 학교생활을 좌우할 가능성이 큽니다. 친구를 잘 사귀고 잘 지내길 원한다면 말하기 능력은 필수입니다. 대학교에 가고 미팅에 나가서도, 소개팅을 할 때도 상대방에게 호감을 얻을 때는 말하기 능력이 생각보다 큰 비중을 차지합니다. 아무리 훌륭한 외모를 가졌어도 예의를 갖추지 못하고 일방적인 화법을 구사한다면 이 관계가 잘될 리가 없습니다. 가족과의 관계도 마찬가지입니다. 가까운 사이니까 말을 안 해도 내 마음을 알 것이라고 제대로 소통하지 않아서 불화로까지 번지는 가족이 많습니다. 가까운 사이일수록 말하기 능력을 더 많이 발휘해야 합니다.

결국 행복은 우리가 함께 인생을 살아가는 주변 사람들과 얼마나 좋은 관계를 유지하느냐가 핵심입니다. 그러기 위해서는 자신의 마음을 말로 잘 표현해야 하고 상대방의 마음에도 공감할 수 있어야 합니다. 말을 잘하라는 게 내가 할 말만 일방적으로 떠들라는 게 아닙니다. 상대방의 말을 잘 들어주고 적절한 리액션을 취하며 공감하는 것도 말하기 능력에 속합니다. 듣는 사람에 맞춰 조절하고 교감하면서 말해야 하죠.

말 한마디로 천 냥 빚을 갚기도 하고, 말 한마디로 원수가 되어버리기도 하는 게 인간관계입니다. 글은 지울 수도 있고 종이를 찢어버릴 수도 있지만 말은 한 번 내리꽂히면 쉽게 지워지지 않아요. 어떤 경우에는 평생 그 사람의 마음속에 남아 관계를 파괴할 수도 있습니다.

말이 얼마나 힘이 있는가를 많은 사람이 알았으면 좋겠습니다. 제 딸 페기 구가 노래 잘하고 디제이만 잘한다고 오늘날의 페기가 된 게 아니라고 생각합니다. 페기가 해외 언론과 인터뷰를 하거나 SNS에 글을 올리는 걸 보면 자신을 잘 표현하고 사람들과 소통을 잘하거든요. 이 점이 분명히 큰 도움이 되었습니다. 어느 직업, 어느 직종에서 일하더라도 마찬가지입니다.

우리 아이를 행복한 사람으로 키우고 싶다면 그저 부모 말을 묵묵히 잘 듣기만 하는 아이로 키울 것이 아니라 자신의 의견을 당당하게 말할 수 있는 아이로 키워야 합니다. 소통이 원만하면 관계가 원만해져요. 그리고 좋은 인간관계는 좋은 이미지를 형성하기 때문에 인생의 성공과도 직결됩니다.

내가 호의로 말을 걸었는데 바쁘다며 쌀쌀맞게 구는 사람에게는 다시 말 걸고 싶지 않죠. 그러면서 소통이 단절되고 그 사람은 고립되기 쉽습니다. 마음은 그렇지 않은데 꼭 이상한 말을 해서 분위기를 망치거나 다른 사람의 마음을 상하게 하는 사람도 있죠. 편의점에 가더라도 점원이 "봉투 드릴까요?"라고 묻는 말에 "봉투 없으면 어떻게 들고 가라고요?"라고 반응하는 사람이 있어요. 이런 화법을 가진 사람은 누구와도 잘 지내기 힘듭니다. 이런 사람은 '내 마음은 그런 게 아닌데 표현이 서툴 뿐이다.'라고 억울해하는 경우도 많은데, 그렇다면 화법을 연구해서 바꿔야 합니다. 다른 사람이 그 사람의 서툰 화법을 언제까지 받아줄 수는 없으니까요. 이런 사람은 인간관계를 망치고 인생까지 망칠 수 있습니다.

따라서 말하기 능력을 키우는 것은 진학이나 일에서의 성공뿐 아니라 인생의 행복까지 좌우합니다. 잘 듣고 공감하는 것에서 시작하는 말하기 훈련이 우리 아이의 행복을 위해 꼭 필요한 이유입니다.

아이를 잘 가르치기 위한 10가지 원칙

자녀 교육에 관한 수많은 책과 강의가 있습니다. 그런데 말하기 교육이든 인성을 기르는 교육이든 학업 성적을 위한 교육이든 기본적으로 부모가 해야 할 일은 결국 열 가지로 귀결됩니다. 이 기본을 하지 않고서는 그 어떤 교육도 소용이 없습니다. 반대로 이것만 잘하면 아이는 말하기 뿐 아니라 어떤 영역에서도 큰 어려움 없이 해나갈 수 있을 것입니다.

1

무조건 칭찬으로 시작하라

어린아이에겐 부모의 칭찬이 가장 큰 보상입니다. 칭찬
을 하면 아이의 흥미를 북돋고 동기유발을 하게 되므로
칭찬은 가장 효과적인 교육법이자 공부의 효율성을 높이
는 방법입니다. 칭찬할 거리가 없다고 말하는 부모도 있
는데, 없는 칭찬도 만들어내는 것이 부모의 일입니다. 너
무 거창한 걸 찾지 말고 작은 일이라도 확실하게 칭찬해
주세요. 또한 칭찬을 할 때는 성적보다는 생활 태도나 성
격을 칭찬해 주세요. "너는 인사를 참 잘하는구나." "주말
에도 춤 연습을 하다니 정말 부지런하구나." 하는 식으로
말이죠.

과장되게 기뻐하라

부모의 기쁜 표정은 아이의 잠재적 열정을 키우는 비결입니다. 아이가 작은 것 하나를 해내더라도 부모가 크게 기뻐하면 아이는 자연스럽게 자신의 재능과 소질을 계발하게 됩니다. 아이가 태어난 것부터가 부모에게는 기쁨이지만 아이가 무조건 기쁨만 준다는 생각을 버려야 합니다. 힘들게 하는 것도 자식이라는 인식을 가지면 혹여 아이가 부모를 시험에 들게 할지라도 더 현명하게 대처할 수 있습니다. 부모가 기뻐할 거리를 찾아 기뻐하기 시작하면 아이에게 변화가 옵니다. 필요하면 훈계도 할 수 있지만 "너의 존재만으로 나는 기쁘다."는 표현을 해주세요. 이런 명시적 표현이 아이에게 용기와 도전의 날개를 달아줄 것입니다.

보상과 도전 과제를 줘라

아이의 작은 성취와 노력에 물질적 혹은 비물질적 보상을 하기 바랍니다. 아이가 노력한 바에 대한 보상은 기쁨의 표현이기도 하고 서로 좋은 추억이 됩니다. 또한 아이에게 동기부여가 됩니다. 보상하는 방식은 철저하게 아이 중심으로 아이가 원하는 것에 초점을 맞추세요. 꼭 물질적 보상이 아니라 진심이 담긴 칭찬이나 여행 등도 보상이 됩니다.

보상과 함께 또 다른 과제를 제시하세요. 이때 과제는 공부에 한정되는 게 아니라 취미 등 새로운 분야에 도전하는 일이 좋습니다. 또 다른 보상을 기대하며 아이는 생소한 분야에도 용기를 낼 수 있을 것입니다. 아이가 어릴 때는 이것저것 시도해 보게 하는 것이 좋습니다. 국영수의 유혹에서 부모가 먼저 벗어나야 합니다.

4

인내심을 발휘하라

아이 교육에는 상당한 인내심이 요구됩니다. 남의 자식보다 자기 자식을 교육할 때 더 많은 인내심이 필요한 법이죠. 인내심은 하루아침에 길러지지 않지만 아이의 교육을 위해 노력하면 마음의 근육을 키울 수 있습니다. 매일 마음 근육 키우기 훈련을 한다고 생각합시다. 때로 인내심을 발휘하지 못할 때는 그 원인을 기록하고 개선하도록 노력합시다. 현명한 부모는 자식의 시행착오나 역경을 기다려줄 줄 압니다.

아이의 흥미를 유도하라

아이의 흥미를 유발하지 못하는 억지 교육은 실패할 수밖
에 없습니다. 아이의 흥미는 언어, 수리, 음악, 미술, 스포
츠 등 다양한 분야에서 드러나므로 다방면에 노출시키고
기회를 줘야 합니다. 아이의 잠재력과 재능을 발굴하는
건 부모의 관찰력입니다.
뭐든지 공부가 아닌 놀이로 먼저 접근하게 하세요. 아이
가 흥미를 느끼고 좋아하는 것이라면 뭐든 일단 허용하고
그다음 단계에서 절제와 시간 분배의 필요성을 가르쳐야
합니다. 이때도 대화를 통해 아이가 주도권을 잡고 결정
하도록 도와주세요. 아이 교육은 멀리 봐야 합니다. 자신
이 흥미를 느끼는 분야에 매달려야 후회가 적고 경쟁력도
생깁니다. 미래의 삶이 온전히 아이의 것이 되도록 돕는
선에서 부모는 물러서야 합니다.

사랑과 정직으로 아이를 대하라

부모가 자신을 사랑한다는 믿음이 있어야 아이는 무엇이든 자유롭게 말하게 됩니다. 또한 아이와 대화를 하다가 부모가 틀릴 수도 있습니다. 모르면 모른다고, 정확하지 않다면 정확하지 않기 때문에 다시 확인할 필요가 있다고 말해야 합니다. 부모도 아이에게 배울 수 있습니다. 이는 부끄러운 것이 아니라 아이가 그만큼 성장했다는 뜻입니다. 아이의 성장을 기쁘게 받아들이고 기꺼이 배우겠다는 자세를 보여주세요. 아이는 부모에게 설명하며 더욱 성장할 것이고 신뢰도 두터워질 것입니다.

7

아이의 시행착오를 허락하라

실패를 통해 배우는 것이 더 많습니다. 그러므로 아이가 실패할 기회를 충분히 줘야 합니다. 우리나라 부모는 자식의 좌절과 실패를 자신의 실패와 동일시해서 견디지 못하는 경우가 많습니다. 자식이 꽃길만 걷기를 바라며 아낌없이 지원하고 모든 것을 쏟아부으려 합니다. 하지만 이것은 어리석은 자식 사랑법입니다. 꽃길만 걸을 수 없는 게 바로 인생이니까요. 실패를 극복하는 법을 하루라도 일찍 가르쳐주는 게 진정 자녀를 위하는 길입니다.

따라서 아이가 어릴 때부터 이런저런 도전을 하도록 권장해야 합니다. 성공보다 실패가 더 많겠지만 먼저 도전 정신을 칭찬하고 실패에서 개선점을 찾도록 도와주세요. 실패는 금방 지나가니 걱정하지 말라고 격려해 주세요. "부모 말 안 듣더니 내 그럴 줄 알았다."며 아이를 탓하거나 비난하면 안 됩니다. 이는 아이의 반발심을 키우고 도전하지 않는 소극적인 아이로 만들 뿐입니다. 아이의 실패와 좌절은 노력하고 있다는 방증입니다. 어린 나이에 쓴맛을 보는 건 보약을 먹는 것과 같으니 부모는 아이의 도전에 박수를 보내야 합니다.

8

무턱대고 아이를 비하하거나 비난하지 마라

아이가 자긍심을 잃으면 미래가 없습니다. 아이를 무시하거나 비난하는 언행은 아무리 좋은 의도라도 효과는커녕 반감을 조장합니다. 아이가 보는 곳에서 부부 싸움을 하거나 욕설을 하는 것도 아이의 영혼을 상하게 하고 그 상처는 오래갑니다. 아이는 부모가 가르치는 대로 하지는 않을지 몰라도 부모가 보여주는 것은 잘 따라 하는 법입니다.

아이를 사랑한다면 자신의 언행부터 부모답게 다듬도록 노력해 보세요. 자녀 교육의 핵심은 사교육이나 유학 같은 게 아니라 서로 좋은 관계를 유지하는 것이고, 이는 부모의 의지에 달려 있습니다. 아이가 부모 품 안에 머무는 시간은 매우 제한적입니다. 그 시간 동안 제대로 된 부모 역할을 하려는 노력이 필요합니다.

9

아이의 요구를 곧바로 들어주지 마라

아이에게 노력과 절제, 인내의 가치를 깨닫게 하기 위해서는 이론적 설명만으로는 부족합니다. 체험을 통해 직접 깨닫게 해줄 필요가 있습니다. 아이가 요구하는 것을 무조건 들어주지 않고 그것을 얻을 만한 노력을 했는지, 자격을 갖추었는지 물어야 합니다. 그리고 어떤 방식으로든 정당한 대가를 지불하도록 요구해야 합니다. 노력은 힘들고 열매는 갖고 싶을 때 아이들은 거짓말을 하거나 부정한 방법을 동원할 수도 있습니다. 과정의 중요성과 땀의 가치를 가르치는 게 부모의 역할입니다. 부모가 얼마든지 사줄 수도 있고 해줄 수도 있지만 자식의 인생을 대신 살아줄 수는 없습니다. 이런 가치를 깨달아야 인생의 위기에서 아이 스스로가 극복할 수 있을 것입니다.

바쁘다고 아이를 밀어내지 마라

부모가 바쁘다고 아이를 밀어내면 거리가 멀어지는 만큼
정서적, 심리적 유대감도 떨어집니다. 맞벌이 부부라 하
더라도 아이가 성장할 때까지는 부모의 지속적인 관심과
관찰이 필요합니다. 부모가 정말 바빠서 아이를 돌봐주지
못할 때는 이유를 설명하고 아이의 양해를 구하도록 노력
하세요. 현실을 설명하고 수시로 사랑을 표현하면 심리적
안정감과 믿음을 줄 수 있습니다.

우리 아이 상위 1%로 만드는
말하기 교육

CHAPTER 2

"

말하기 교육에서는
부모가 제1의 교사

"

아이 입을 막는 것은 바로 부모

유독 말을 잘하는 아이들이 있습니다. 저 아이는 어쩜 저렇게 말을 잘할까, 부모가 대체 어떻게 교육시킨 걸까 궁금해지죠. 부모의 양육법에 따라 말 잘하는 아이로 키울 수도 있고 반대로 말 못하는 아이로 키울 수도 있기 때문입니다.

말 잘하는 아이들은 대부분 부모가 좋은 언어 환경을 만들어줍니다. 아이들이 저절로 말을 하는 것 같지만 타고난 능력과 외부의 자극이 상호작용을 하면서 언어가 발달하게 됩니다. 부모와 가족들과의 교류를 통해 자극을 받고 모방하며 언어를 습득하게 됩니다.

물론 기질적인 면도 하나의 요인입니다. 매우 예민하고 조심스러운 성향을 타고난 아이는 낯선 환경이나 사람 앞에서 지나치게 긴장할 수 있습니다. 이런 경우 다그치면 아이는 더 긴장하기 때문에 아이가 적응할 때까지 충분히 기다려줘야 합니다. 타고난 성향을 억지로 바꾸려고 하면 부작용을 낳을 뿐입니다. 그러나 기질적인 요인이 아니라면, 언어발달이나 인지발달에는 문제가 없는데 밖에 나가서 자기표현을 잘 못 하는 아이라면 원인을 파악하고 개선해 주는 것이 좋습니다. 그 시작은 부모 자신을 돌아보는 것입니다.

말을 잘하지 못하고 부끄럼을 심하게 타는 아이라면 부모 자신이 이런 경우가 아닌지 살펴보기 바랍니다. 우선 과잉보호하는 부모는 아이의 말하기 능력을 키워주기 힘듭니다. 과잉보호를 받은 아이는 소극적이고 의존적이 되기 쉽습니다. 새로운 일에 도전하고 모험하려고 해도 부모가 위험하다며 막은 경험을 반복한 아이는 수동적이 되고 부끄럼을 타게 됩니다. 낯선 사람이나 환경에 적응하고 대처하는 연습을 할 기회가 없었기 때문이죠. 부모가 아이를 위험으로부터 보호하는 것은 당연한 역할이지만 과도한 두려움으로 아이를 틀 안에 가둔다면 말하기 능력도 떨어지기 쉽습니다.

그런데 독립심을 키워준다고 무관심으로 일관하는 부모도 위험합니다. 혹은 너무 바쁘다는 이유로, 아니면 아이에게 정말 관심이 없어서 아이를 방치하면 아이는 다른 사람과 소통할 기회를 박탈당하므로 자신감이 부족해집니다. 독립심이 생기기보다는 오히려 소극적이 될 수도 있는 거죠.

다음으로 부모가 너무 비판적이어도 아이는 자신감을 잃어버리기 쉽습니다. 아이가 말을 했을 때 부모가 "왜 그렇게 말하느냐." "왜 말을 잘 못하느냐." 등 부정적인 반응을 자주 보이면 아이는 말하기가 두려워집니다. 아이를 놀리는 것도 과도하면 악영향을 줄 수 있습니다. 아이의 실수를 지적하고 비판하는 게 객관적이며 좋은 부모라고 생각하는 사람이 있는데, 부모가 아니어도 그 역할을 할 사람은 많습니다. 밖에 나가면 교사나 친구들 등에게 얼마든지 비판받거나 놀림받는 일이 있을 수 있습니다. 그런데 가족마저 비판할 필요가 있을까요? 마냥 오냐오냐하라는 게 아니라 지나친 비판은 삼가야 한다는 뜻입니다. 부모가 항상 자신을 평가한다고 느끼는 아이는 자신감 있게 말하기가 힘들어집니다.

강압적인 부모도 아이의 말하기에 나쁜 영향을 줍니다. 가정 폭력의 악영향은 말할 것도 없습니다. 자주 벌을 주고 "네가 이러면 엄마 집을 나가버릴 거야."라면서 사랑을 주지 않겠다고 협박하는 부모가 있습니다. 그러면 아이는 항상 불안해하고 방어적이 됩니다. 뭔가를 하기가 두려워지죠. 혼나지 않으려고, 사랑받으려고 아무것도 하지 않는 쪽을 택하게 됩니다. 이런 아이가 자신의 의견을 말할 리가 없겠죠.

부모 자체가 말이 없고 수줍음이 많은 경우에도 아이는 부모를 보고 배우게 됩니다. 부모가 사람들과 접촉하는 걸 꺼린다면 아이도 사회화의 기회를 놓치게 되죠. 또 부모가 다른 사람의 험담을 자주 하면 아이도 다른 사람들을 경계하게 되고 사람들과 대화를 나누기 어려워질 수 있습니다.

어려서부터 말을 잘 못 하고, 그래서 주변 사람들에게 나쁜 평가를 받은 아이는 열등감에 빠지게 됩니다. "나는 원래 말을 잘 못해." 라고 단정 짓고 노력하기를 포기해 버릴 수도 있어요. 사람들 앞에 나서는 걸 더욱 두려워하고 친구들이 자신을 싫어할까 봐 두려워 아예 말은 안 하기도 합니다. 이렇게 자기만의 동굴 안에 갇힌 아이는 자랄수록 더 많은 장애물에 부딪히고 맙니다.

아이 입을 터주는 부모의 양육

그럼, 말 잘하는 아이의 부모는 어떻게 아이를 양육할까요? 앞에서 말한 것을 거꾸로 하면 됩니다. 과잉보호하지 않고 아이가 도전하고 실패해 볼 기회를 주세요. 강압적인 태도나 무관심도 안 됩니다. 부모는 정서적으로 아이를 지지하되 아이가 새로운 경험을 할 수 있도록 적절히 노출해 주는 게 좋아요. 아이가 사회성을 익히도록 지도해줘야 합니다. 아이 혼자 동영상을 보거나 장난감을 가지고 노는 시간이 너무 길지 않도록 하고, 또래 친구들과 어울려 놀 기회를 주면 사회화에 도움이 됩니다.

아이는 부모를 보며 배우므로 부모가 모범을 보이는 것도 중요합니다. 부모가 먼저 주변 사람들과 원만하게 지내야 해요. 그리고 때와 장소에 맞는 바른 언어를 쓰는 것을 보여줘야 합니다. 아이가 나쁜 말을 쓰면 "그런 말은 어디서 배웠어?"라고 하는 부모가 많은데 그렇게 묻기 전에 본인이 그런 말을 쓰지 않았는지 되돌아보세요.

가장 중요한 것은 아이와 대화를 많이 나누는 것입니다. 아이를 칭찬해 자신감을 심어주세요. 또한 따뜻한 가정 분위기를 만들어주어야 아이는 정서적 안정을 바탕으로 자신감 있게 자신을 표현할 수 있습니다. 많이 말하고 많이 들려주면서 언어적으로 풍족한 환경을 만들어줘야 해요.

우리가 어릴 때는 어른들이 말할 때 아이가 말을 섞으면 "어른들 말씀하시는데 끼어들지 말라."고 혼이 나곤 했습니다. 또 부모가 혼을 낼 때 내 변호를 할라치면 "말대답하지 말라."고 더 혼나기 일쑤였죠. 그래서 어른이 무슨 말을 하면 그저 눈을 내리깔고 묵묵부답으로 있는 게 최고라고 배웠습니다. 그러나 지금 우리 아이들을 그런 식으로 키웠다가는 자신감 없고 경쟁력 없는 아이로 자라고 말 것입니다.

게다가 아이가 자라고 부모와의 물리적 거리가 멀어지는 만큼 정서적 거리가 점점 멀어지고, 그렇게 멀어진 거리는 다시 좁히기 힘듭니다. 2005년 한국교육개발원이 전국의 중고교생 6천 명을 대상으로 한 조사에 따르면 40% 정도의 중고생이 부모와 대화를 전혀 하지 않는다고 답했습니다. 오래전 조사이긴 하지만 지금도 크게 다르지 않을 것 같습니다. 중고교생쯤 되면 거리가 점점 멀어지는 거죠.

"다른 집 아이들은 집에 오면 오늘 무슨 일이 있었는데 엄마한테 다 얘기한다던데 우리 애는 전혀 얘기를 안 해요."

어떤 부모가 이런 하소연을 하더라고요. 그런데 이런 부모에게 더 질문을 하다 보면 부모부터가 아이에게 얘기를 잘 안 해요. 사춘기가 되면 더합니다. 어릴 때부터 대화를 적립해 오지 않았는데 아이가 살갑게 다가와서 미주알고주알 얘기해 주기를 바라면 안 되죠.

"저는 아이랑 대화를 엄청 많이 하는데 왜 아이가 힘들 때 저한테 말해주지 않을까요?"

이렇게 말하는 부모도 있습니다. 그런데 아이와 말을 많이 한다고 해서 문제가 없는 것은 아닙니다. 가족이 같이 살면서 그냥 '말'은 많이 할 수 있어요. "일곱 시에 깨워줘." "오늘 저녁밥은 뭐야?" 같은 말이야 얼마든지 할 수 있지만 이런 말이 감정을 드러내는 대화는 아니죠. 대화의 양뿐 아니라 질에도 신경을 써야 한다는 말입니다. 아이의 감정이나 속마음에 대해 많이 물어보고 들어주세요. 그리고 공감해 주세요.

이렇게 아이와 속마음 대화를 하고 아이가 마음을 열게 되면 부모 입장에서는 '헉' 하는 이야기를 할 수도 있습니다. 예를 들어 아이가 남자친구 혹은 여자친구와 헤어졌다고 슬퍼할 수도 있어요. 그러면 아이가 이성 친구를 사귀었다는 걸 몰랐던 부모는 깜짝 놀라고 걱정되어서 잔소리가 앞설 수 있습니다.

그러나 아이의 슬픈 감정에 먼저 공감해 줘야 합니다. 만약 부모가 자신의 슬픔에는 관심이 없고 그 이성 친구가 어떤 공부를 잘하는지, 둘이서 뭘 했는지 등만 꼬치꼬치 캐묻는다면 아이는 부모에게 이런 이야기를 털어놓기 싫어질 거예요. 부모가 지나치게 걱정을 해도 아이는 부모를 걱정시키고 싶지 않다는 생각 때문에 힘든 일을 말하거나 도움을 요청하기 어려워질 수 있습니다.

부모와 자식 간에 질 높은 대화가 많아지면 자연히 친밀도가 높아지고 신뢰가 형성됩니다. 어린 시절에 단단하게 형성된 관계는 아이가 커서도 든든한 안전망이 되어줍니다. 힘든 사춘기를 겪고 게임에 빠지거나 다른 면에서 엇나가더라도 '부모가 나를 믿고 있다.'는 신뢰가 마음 한구석에 굳건히 자리 잡아 있기 때문에 크게 벗어나지 않고 금방 제자리로 돌아올 수 있습니다. 다시 말해 자기조절능력을 갖추게 되죠.

아이가 자신에게 '고맙다.' '미안하다.'는 말을 안 해서 섭섭하다는 부모도 많습니다. 이런 부모도 자신을 돌아보기 바랍니다. 대부분은 부모도 그런 표현은 잘 안 해요. 부부끼리는 물론이고 자녀에게 고마울 때 고맙다, 미안할 땐 미안하다고 말할 수 있어야 합니다.

우리 세대의 부모, 특히 아버지들은 자식이나 아내를 칭찬하면 '팔푼이'라고 부르는 경우가 많았습니다. 참고로 제 별명이 팔푼이입니다. 지인들 앞에서 제가 먼저 선언했어요. "이제부터 나는 팔푼이가 될 것이다. 나는 아내와 자식들을 칭찬할 것이다."라고 말이죠. 밖에서는 아내나 자식들을 칭찬하면서 집에서는 엄격한 부모, 특히 엄격한 아버지가 많은데 그것도 잘못된 겁니다. '언젠가 다 알아주겠지.'라고 생각하는 건 환상이고 착각입니다. 말하지 않으면 몰라요. 집 밖에서든 집 안에서든 표현하는 게 중요합니다. 부모가 솔직하게 자신의 마음을 표현하면 아이들도 마음 놓고 속마음을 표현합니다.

아이의 질문에 답하는 부모의 태도

아이가 질문하면 부모가 어떻게 반응하는지가 중요합니다. 아이가 질문을 많이 하면 귀찮을 수 있지만 다음 원칙을 기억하고 질문을 독려해 아이의 사고력과 언어능력을 키워주세요.

아이의 질문을 무시하거나 그냥 웃어 넘기지 말라.

___

잘 모르겠다면 솔직하게 인정하라. "엄마도 잘 모르겠는데 함께 찾아볼까?"라고 할 수 있다. 다른 이유로 답하기 어렵다면 나중에 답해주겠다고 한 뒤에 대답을 정리하자.

___

분명한 답이 있는 문제가 아니라면 "너는 어떻게 생각하니?"라고 아이에게 물어서 스스로 생각할 수 있게 하자. 만약 부모와 의견이 다르다면 서로의 생각을 이야기하면서 토론할 수 있다.

___

아이가 쉽게 이해할 수 있도록 아이 눈높이에서 예를 들거나 쉬운 단어로 설명하라.

아이는 부모의 말하기를 배운다

부모는 아이에게 최초의 교사입니다. 아이가 태어나면서부터 부모를 롤 모델 삼아 세상의 모든 것을 배우게 됩니다. 세계를 주름잡는 유대인들은 예로부터 가정이 학교이고 부모는 교사였으며 《탈무드》가 교과서였습니다. 우리나라도 크게 다르지 않아 가정 교육의 중요성을 강조해 왔죠.

하지만 아이의 교육은 학교나 사교육에 맡기는 시대가 된 요즘, 부모와 아이의 거리는 더욱 멀어졌습니다. 바쁘다는 이유로 아이를 밀어내기 쉽습니다. 물론, 먹고살기 바빠서 아이를 돌봐줄 시간이 절대적으로 부족한 부모도 많습니다. 일이나 가난 혹은 다른 이유로 아이를 만나기 힘들 수도 있습니다.

문제는 그렇게 거리가 멀어지는 만큼 정서적, 심리적 유대감도 멀어진다는 것입니다. 맞벌이 부부라 하더라도 아이가 어느 정도 성장할 때까지는 부부가 힘을 모아 가정 내에서 교육하고 훈육하는 시간이 반드시 필요합니다. 부모의 지속적인 관찰과 관심은 물론이고요. 멀리 떨어져 있어도 '늘 너를 지켜보고 지지하고 있다.'는 것을 표현해야 합니다. 요즘 얼마나 편리한 세상입니까. 스마트폰 문자나 이메일은 물론 영상통화도 언제든 할 수 있잖아요. 아이에게 심리적 안정감과 부모가 나를 사랑하고 지켜보고 있다는 믿음을 주는 것이 중요합니다.

아이의 인생과 미래에는 부모가 첫 번째 선생님이자 최후의 책임자라는 막중한 임무를 기억해야 합니다. 말하기 교육에서는 더더욱 부모의 역할이 큽니다. 앞서 설명했듯 말하기 능력은 아이의 미래를 좌우할 것이기에 부모가 가정에서 말하기를 교육해야 합니다. 그리고 충분히 교육할 수 있습니다.

"제가 아는 게 많지 않은데 아이 말하기 교육을 잘 시킬 수 있을까요?"

이런 걱정을 하는 부모도 있는데, 제가 경험한 바로는 말 잘하는 아이의 부모는 지식 정도나 전문성은 별로 중요하지 않습니다. 인내심이 있는 부모냐 아니냐, 아이에게 자상하고 아이 말을 잘 들어주는 부모냐 아니냐가 중요해요. 자상한 부모 아래에서 대화를 많이 하며 자란 아이들은 대체로 말을 잘합니다. 말을 많이 해봤으니까요. 어른과 말을 할 때도 그리 긴장하지 않고 편안하게 자신의 의견을 말할 줄 알죠.

반대로 부모가 공부만 강요하거나 너무 바빠서 아이와 대화를 많이 하지 않는 경우 아이가 말을 잘 못하는 경우가 많습니다. 오히려 부모가 고학력인 경우 혹은 자수성가한 경우 아이에게 자기 방식만을 강요하고 강압적인 경우도 적지 않습니다. 그런 부모 밑에서 자란 아이는 주눅 들어 있고 눈치를 굉장히 많이 봐요. 물론 다 그런 것은 아니지만 오히려 고학력에 성공한 부모가 방해가 될 때도 있습니다. 그러니 부모가 학력이 낮다고 해서, 혹은 사회적으로 성공하지 못했다고 해서 아이의 말하기 교육을 잘하지 못할 거라는 걱정은 하지 않아도 됩니다.

아이가 성공하고 말고는 자기 노력에 달려 있습니다. 부모가 할 일은 아이의 직업적 성공보다는 사회적으로 고립되지 않고 사람들과 잘 어울리면서 행복하게 살아갈 수 있는 커뮤니케이션 능력을 길러주는 것입니다. 저는 두 아이를 키우면서 항상 그 점에 중점을 뒀어요. 어릴 때부터 키워진 자기표현력은 사회성과 직결되는 문제거든요.

제 딸인 페기가 글로벌 스타로 활동하고 있으니 한국어를 못해도 상관없다고 생각할지 모르겠습니다. 하지만 제가 줄곧 강조해 온 것은 한국어도 영어만큼 잘 구사해야 한다는 것이었습니다. 그래서 한국의 언론과 인터뷰를 할 때도 정확하게 자기 생각을 말할 수 있어야 한다고요. 그렇게 되면 양날의 무기를 가진 것과 같기 때문입니다. 경쟁력이 두 배가 되는 거예요. 영어만 가르치는 건 불완전한 교육이라고 생각합니다. 영어권과 한국어권, 두 문화권에서 자유롭게 소통할 수 있다면 보다 많은 지식과 영감을 얻고 풍요로운 삶을 꾸려나갈 수 있습니다.

페기는 중3 때 유학을 갔으니 겉으로 보기에는 한국어를 잘하는 것 같지만 한자를 잘 몰라서 모르는 단어도 많았습니다. 예를 들어 '한글을 만들었다.'가 무슨 뜻인지는 알아도 '한글 창제'가 무슨 뜻인지는 몰랐어요. 그런데 성인이 된 아이를 어릴 때처럼 교육하는 건 거의 불가능하죠. 그래서 저는 학생들이 낸 리포트에 제가 채점한 것을 10건 정도 폐기에게 보여주고 A를 받은 건 왜 A를 받았는지, C를 받은 건 왜 C를 받았는지 그 이유를 쓰라고 했어요. 내가 필요해서 하는 것이니 도와달라고 했고 대가를 지불하겠다고 했습니다. 아이가 리포트를 자세히 읽어보고 분석하면서 어휘력도 늘고 문장 구성력도 늘 거라고 생각했습니다.

용돈을 주겠다니까 딸도 흔쾌히 하더라고요. 그리고 결과물을 보니 꽤 잘했기에 용돈을 많이 줬더니 신이 나서 더 할 거 없냐고 나서 더군요. 그래서 조선왕조 500년을 만화로 그린 책을 읽게 했어요. 이건 언어를 떠나서 한국인이라면 적어도 조선의 역사는 알고 있어야 한다고 생각했기 때문입니다. 유학을 갔다 왔다는 게 자국의 역사를 모르는 것의 면죄부는 되지 않는다고 생각해요. 물론 언어 교육도 됩니다. 한자어나 오래된 말이 많이 나올 수밖에 없기 때문이죠. 그러다 보니 한자 공부로 연결되었고 제가 시험을 봐서 점수에 따라 용돈을 줬어요. 같이 있는 시간에는 틈만 나면 사자성어를 가르쳐주기도 했습니다.

다시 국내에 와서 생활한지 1년 반 정도 지난 어느 날 폐기가 할 말이 있다더군요. 영국의 패션 학교에서 입학허가서를 받았다는 것이었어요. 자신의 진로를 스스로 정해서 비전을 제시했으니 저는 지원해 주기로 했습니다. 그렇게 다시 영국에 간 페기는 결국 자신의 장기를 살려서 지금의 위치까지 갔습니다. 〈워싱턴 포스트〉나 〈뉴욕 타임스〉 등의 해외 언론은 물론 한국 언론과의 인터뷰에서도 내가 도와줄 필요가 없을 만큼 능숙하게 해내고 있습니다.

말하기 교육을 비롯한 자녀 교육은 콩나물에 물 주기와 같습니다. 콩나물을 키울 때는 물을 줄 때마다 즉시 다 빠지는 것 같지만 그 물기로 콩나물은 분명히 자라납니다. 자녀 교육도 이처럼 오랜 시간이 지난 뒤에 효과가 나타납니다.

말하기 교육의 골든타임

말하기 교육은 몇 살부터 시작해야 할까요. 아이가 말을 할 수 있을 때 하는 교육이 말하기 교육이라고 흔히들 생각합니다. 하지만 적어도 아이가 태어나서 말을 하기 전부터 시작해야 합니다. 한두 살 때부터 말하기 교육을 시작하라는 거죠. 부모가 아이의 말하기 교육을 할 수 있는 골든타임은 아이가 태어나서부터 초등학교 졸업 전까지입니다.

아이는 태어나서 25~36개월 동안 급격하게 언어발달이 이루어집니다. 이때 끊임없이 아이에게 언어 자극을 주고 표현을 할 수 있도록 환경을 조성해 줘야 하죠. 이 시기의 양육 방법이 아이를 말 잘하는 아이로 키우는 출발이 됩니다. 36개월이 될 때까지 언어 자극을 많이 줄수록 아이는 더 많은 단어를 빨리 습득하게 됩니다. 한 연구에 따르면 양육자가 말을 많이 해준 20개월 아기는 그렇지 않은 아기보다 평균 131개나 많은 단어를 익혔다고 합니다. 그리고 24개월이 되었을 때는 295개 단어나 차이가 났다고 합니다.

일반적으로 이 시기에는 부모가 가장 큰 영향을 미치기 때문에 부모가 어떤 말하기 습관으로 아이와 어떻게 대화했느냐에 따라 아이의 어휘력에서도 차이가 납니다. 어휘력에 따라 문해력과 말하기 능력도 차이가 나게 되죠. 영유아 때 말을 잘 익히지 못하고 이해하는 능력이 떨어지는 아이는 글자를 익히고 읽는 데도 어려움을 겪기 쉽습니다.

초기 아동기 문해력은 출생 직후부터 만 여덟 살까지 발달하므로 초등학교 2학년 전에 문해력을 키워주는 게 좋습니다. 2학년 이후부터는 아이가 얼마나 책을 읽는지에 따라 말하기 능력의 수준이 더욱 달라집니다. 어휘력이 갖춰진 아이는 학교에 들어가서도 공부하는 걸 한층 즐길 수 있습니다. 또한 초등학교에 들어간 후 6년간은 말하기, 듣기, 읽기, 쓰기라는 기본적인 언어능력을 키우는 결정적인 시기입니다. 이 시기를 놓치면 중고등학교의 학업을 따라가기가 힘들어지죠.

게다가 초등학교를 졸업하고 사춘기를 맞을 때쯤이면 아이도 나름대로 자신의 주관이 생겨 부모 말을 그대로 수용하지 않는 경우가 대부분입니다. 그제야 부모가 교육을 하려고 해도 이미 늦어서 힘들어집니다. 초등학교 때까지 아이에게 기본적인 언어 소양을 갖춰주고 공부할 수 있는 기본기를 마련해 주는 것이 부모의 역할입니다. 이렇게 바닥을 다져주면 부모의 손을 떠나는 중고등학교 시기에도 스스로 공부할 수 있는 자기 주도성을 가진 아이가 됩니다.

학업 면을 떠나서 이때의 말하기 교육이 무엇보다 중요한 이유가 있습니다. 초등학교 때까지 부모가 말하기를 통해 충분히 소통한 아이는 질풍노도의 시기를 맞아도 크게 엇나가지 않습니다. 어린 시절 줄곧 부모와 많은 대화를 나눴다면 자연스럽게 신뢰가 형성될 수밖에 없거든요. 부모 자식 간의 믿음이 공고하다면 아이는 잠시 경로를 이탈하더라도 곧 돌아오게 됩니다.

이처럼 초등학교 때까지의 말하기 교육은 학업과 정서, 두 가지 모두에서 굉장히 중요합니다. 따라서 이 시기를 절대 놓쳐서는 안 됩니다. 이 시기를 소홀히 했다가는 어느새 훌쩍 커버린 아이의 학업도 정서도 걷잡을 수 없게 될 수 있습니다. 그때 후회해 봤자 시간을 되돌릴 수는 없는 노릇입니다.

말하기 교육이라고 하니 뭔가 거창한 것처럼 느껴질 수 있는데 그렇지 않습니다. 아이를 사랑하는 부모라면 누구나 약간의 시간과 노력을 들여 충분히 할 수 있습니다. 이 책에서 소개하는 방법을 꼭 시도해 보기 바랍니다.

자신을 마음껏 표현하게 하라

제 딸은 어릴 때부터 예체능에 뛰어난 재능이 있는 반면 국영수 쪽에는 관심이 없었습니다. 아들과 같은 중학교에 들어갔는데 오빠는 전교 1~2등을 다투는 우등생이었으니 딸이 꽤 스트레스를 받았어요. 게다가 고등학교에 진학해서도 입시 위주의 학교에서 계속 고통받을 게 뻔해 보였습니다.

결국 딸이 중3 때 어렵고 큰 결단을 내렸습니다. 딸을 유학을 보내기로 한 거예요. 여러 나라를 고민했는데 제가 영국에서 공부한 적이 있기 때문에 지인이 꽤 있었어요. 어린 딸을 혼자 보내는 게 얼마나 걱정이 됐겠습니까. 그러니까 보호자가 되어줄 수 있는 지인들이 있는 영국이 좋겠다 싶었습니다. 그리고 무엇보다 자기표현을 잘하고 개성이 넘치는 딸아이가 자신의 장점을 마음껏 발휘하는 데 서양의 나라가 잘 맞겠다 싶었습니다. 우리나라는 학교에서든 직장에서는 '모난 돌이 정 맞는다.'고 튀는 걸 싫어하지만 서양에서는 개성을 표출하는 것이 자연스럽습니다. 또 영국에서 유학할 때 보니 학교에서도 스포츠나 예능을 굉장히 많이 하더라고요. 그러니까 딸한테 잘 맞겠다는 생각이 들었어요. 또 영국이 미국보다는 사회적 안전망이 잘되어 있다고 판단했습니다. 내가 한국의 교육이나 학교 환경을 바꿀 수는 없으니 맹모삼천지교처럼 아이의 교육 환경을 획기적으로 바꾸어주고 싶었습니다.

딸아이는 친구들이 부러워하니까 어린 마음에 신이 나서 간다고 했죠. 그런 아이를 붙잡고 얼마나 많은 약속을 했는지 모릅니다. 일단 돈이 많이 들기 때문에 "엄마 아빠가 너를 위해 무리를 하면서도 큰 결단을 한 것"이라는 걸 설명했어요. 그 과정에는 딸도 부모님을 실망시켜서는 안 된다는 인식이 박혔던 것 같습니다.

딸이 유학을 떠난 지 열흘쯤 지났을 때 전화가 왔어요.

"아빠, 나 치어리더 됐어!"

"응? 네가 영어도 안 되는데 어떻게 치어리더가 돼?"

딸은 한국에 있을 때 국영수 학원은 안 다녀도 춤 학원을 보내달라 그러던 아이였어요. 저와 아내는 그런 딸을 나무란 적이 없습니다. 다른 아이들이 국영수 학원에 다닐 때 에어로빅 학원에 보내달라던 딸아이의 부탁을 들어줬습니다. 그 덕분인지 아이는 못 추는 춤이 없었고, 영어는 서툴렀지만 춤으로 자신을 표현했기에 치어리더가 됐던 것입니다. 게다가 교실을 꾸미는 행사가 있으면 그림을 잘 그려서 선정되기도 했습니다. 서양의 학교에서는 공부만 잘하는 아이보다 예체능도 잘하고 협조적이며 적극적인 아이가 친구들에게 인기도 많고 인정받습니다. 아이는 영국에 가서야 처음으로 학교에서 칭찬을 받았어요. 존재감이 커지니까 자존감도 올라가서 아이가 활짝 피어나는 게 보였습니다.

제가 여기서 말하고 싶은 건, 아이를 유학 보내라는 말이 아닙니다. 유학을 보낸다고 모두 잘된다는 보장도 없습니다. 어린 나이에 아이 혼자 외국으로 보낸다는 건 리스크가 큰 일입니다. 저는 여러 가지 여건이 되었고 아이를 보살펴줄 지인도 있었기에 조금 무리를 해서라도 유학을 보냈습니다. 그런데 무엇보다 중요한 건 아이가 공부가 아니라도 어떤 방식으로든 자신을 표현할 수 있는 환경을 만들어주는 겁니다. 물론 학교 환경은 부모가 하루아침에 바꿀 수 있는 게 아닙니다. 또 주변에서 아이 사교육에 열을 올리면 부모로서는 우리 애만 뒤처지는 게 아닌지 조바심이 나고 걱정이 되기 마련이죠. 아이가 어디에서 학교를 다니느냐도 중요하지만 더 중요한 건 부모가 중심을 잡고 아이를 잘 인도하는 것입니다. 그리고 가정에서만이라도 그런 환경을 만들어주는 것입니다.

자신의 능력과 약점을 인지하는 능력을 메타인지라고 하죠. 메타인지가 높은 아이가 공부를 잘한다는 건 널리 알려진 사실입니다. 자신이 뭘 알고 뭘 모르는지 판단할 수 있기 때문이죠. 아이가 자기 자신을 잘 아는 것도 중요하지만 부모가 자식을 잘 알면 아이에게 날개를 달아주는 겁니다. 아이를 알아야 아이에게 좋은 환경이 어떤 것인지 아니까요. 여기서 환경이란 학교나 지역을 바꾸는 물리적인 것뿐 아니라 가정의 분위기입니다. 가정의 분위기는 어떻게 형성됩니까? 부모가 아이에게 하는 말 한마디, 태도 하나하나가 합쳐져서 분위기가 됩니다. 그리고 이 분위기가 아이에게는 메시지가 됩니다.

공책에 낙서하는 아이에게 "쓸데없는 짓 말고 공부나 해!"라고 윽박지르는 부모 밑에서 자란 아이가 어떻게 자기표현을 자유롭게 할 수 있겠습니까. "그림을 잘 그리네. 네 느낌을 만화로 표현해 보면 어떨까?"라고 말하는 부모의 말이 아이에게는 무엇보다 좋은 교육 환경이 될 수 있는 겁니다.

내성적인 아이는 말하기를 잘할 수 없을까?

"우리 아이가 너무 내성적이라서 학교에서 발표를 제대로 하지 못해 걱정이에요."

이런 걱정을 가진 부모들이 있습니다. 내성적 아이는 발표뿐 아니라 평소 말을 많이 하지 않아서 교우관계에 대해서도 걱정이 될 수 있습니다. 하지만 오해하지 말아야 합니다. 내성적인 성격이 나쁜 게 아닙니다. 외향적인 성격이 좋고 성공한다는 사회적 편견이 있는데 사실은 그렇지 않습니다.《현명한 리더는 작은 소리로 말한다》라는 책을 쓴 제니퍼 칸와일러 박사는 조직의 지도자들이나 임원들은 내향적인 성향을 더 많이 가지고 있다고 합니다. 버락 오바마나 빌 게이츠, 워런 버핏도 내향적인 성향이라고 해요.

타고난 성향을 부모의 욕심으로 바꾸려는 것은 불가능할 뿐 아니라 아이를 고통 속에 몰아넣는 것입니다. 다만 아이가 지나치게 내성적이고 소극적이라서 사람들과 소통하는 데 문제가 있고 자기표현이 너무 안 되면 미래 경쟁력이 떨어질 수 있으니 아이가 사회적으로 더 큰 어려움을 겪지 않도록 어릴 때 개선해 주는 게 좋겠죠.

먼저 아이가 그런 모습을 보이는 원인부터 진단해 봐야 합니다. 크게 두 가지로 구분할 수 있겠죠. 첫 번째는 심리적 장애일 수 있습니다. 아기는 생후 5~6개월쯤에 낯을 많이 가리죠. 낯선 사람을 보면 울음을 터뜨리기도 합니다. 그러다가 자라면서 낯가림은 많이 사라지는데, 이것이 지속되어서 사람들 앞에 나서지 못하고 나서야 하는 경우 심하게 긴장하면서 땀을 흘리는 등 신체적 변화가 일어나기도 합니다. 사람들 앞에서 말하는 걸 극도로 두려워하는 사회공포증일 수 있습니다. 사회공포증을 가진 사람은 단순히 수줍음이 많은 수준을 넘어선 것이기 때문에 사회생활에 지장을 많이 받게 돼요. 특정 상황에서 말문이 막히는 선택적 함구증일 수도 있습니다. 이런 경우에는 신경정신과 등을 찾아 전문가의 도움을 받아야 할 것입니다. 그리고 조금씩 사람들 앞에서 자신을 드러내는 훈련을 지속적으로 해나가야 합니다.

두 번째는 환경적 요인으로 부끄럼이 많고 말을 잘 못하는 아이가 될 수 있습니다. 억압적인 부모 밑에서 자랐다면 자신감이 떨어지고 두려움이 커져서 소극적이 될 수 있습니다. 부모가 항상 아이의 말에 비판적이고 부정적인 반응을 보이거나 무반응으로 방치한 경우에도 아이는 남의 눈치를 보고 자신감이 떨어질 수 있습니다. 이렇게 되면 자라서도 남의 시선을 지나치게 의식하고 사람들과 의사소통을 잘하지 못하며 자기표현도 서툴어집니다. 불안과 열등감에 빠져서 사람들이 다 나를 싫어할 것이라고 믿기도 하고요. 이런 원인 때문에 말을 안 하다 보면 말을 더듬거리고 매끄럽게 하기가 힘들어지죠.

말할 기회를 주면 말을 하는 아이는 문제가 없지만 아예 마음을 닫아버려서 대화를 안 하는 아이는 문제가 되겠죠. 아이마다 원인과 현상이 다를 테니 아이를 잘 지켜보고 처방을 내려줘야 합니다. 아이들은 경험이 많이 없다 보니 발표를 두려워할 수 있어요. 부모로서 할 수 있는 건 아이가 생각을 조리 있게 말하는 연습을 시켜주는 겁니다. 이러면 또 사교육을 알아보거나 강압적으로 아이에게 발표를 시키는 부모가 있는데 그러지 말고 일단 사람들과 잘 어울리고 대화를 나누는 능력을 키워줘야 합니다. 제가 뒤에서 설명할 이웃이나 친척을 활용하는 법을 참고하세요. 아이에게 동화책에서 읽은 이야기를 다시 해달라고 하는 것도 이런 연습 중 하나입니다. 아이에게 항상 스피치를 시키는 것도 마찬가지입니다. 이때 칭찬을 해서 아이의 용기를 북돋아주세요.

아이가 엉뚱한 질문을 하거나 엉뚱한 말을 한다고 해서 나무라지 마세요. 제가 울릉도에서 초등학생을 가르칠 때 4학년짜리 아이가 수업 시간에 엉뚱한 질문을 많이 하더라고요. 그러다 보니 친구들은 물론 선생님과 학부모까지도 그 아이를 트러블메이커 혹은 돌아이라고 치부하고 있었습니다. 그런데 가르쳐보니 아이가 책을 참 많이 읽고 생각이 자유로워요. 제가 "○○이는 천재구나."라고 했어요. "아무도 질문을 안 하는데 너는 질문을 하잖아. 이렇게 천재적인 질문을 하다니!"라고 마구 칭찬을 해줬어요. 점차 그 아이에 대한 주변의 인식도 바뀌었어요. 돌아이가 하루아침에 천재가 된 거예요. 아이 부모도 자기 자식을 다시 보게 되었다고 너무나 기뻐하더라고요. 아이는 당연히 더 자신감이 생겨서 더 열심히 공부하고 발표도 했습니다.

그리고 꼭 발표가 아니어도 됩니다. 초등학생 중에 발표하는 건 자신 없어 했지만 노래만큼은 잘하는 아이도 있었어요. 나와서 발표하라고 하면 싫어하지만 노래해 보라고 하면 망설임 없이 나와서 하더라고요. 이런 장기가 있는 아이는 그 장기를 살려주면 됩니다. 공부에 한정될 필요는 없다는 거죠. 노래도 자기표현이니까요. 노래를 통해 자신감을 심어주면 사람들 앞에 서는 공포가 없어지고, 노래에 관련되는 얘기가 나오면 말도 잘해요. 그러다 보면 다른 말도 잘하게 되는 거죠. 아이가 심리적으로 억압된 것이 있으면 그걸 먼저 풀어줘야 합니다.

"내가 이야기하면 '공부도 못하는 애가'라면서 친구들이나 선생님이 무시할까 봐 두려워요."

이렇게 말하는 아이도 있었습니다. 공부를 못한다는 이유로 비판을 받다 보니 다른 곳에서도 자신감이 떨어지는 거예요. 이런 심리적 요인이 어른들이 생각하는 이상으로 아이들에게 많이 내재되어 있습니다. 어른들이 그런 심리적 요인을 잘 제거해 주는 게 굉장히 중요합니다.

대화가 힘이다,
하브루타 교육법

우리 아이 상위 1%로 만드는 말하기 교육

가장 좋은 학습법은 말하기

　　우리는 '공부한다'고 하면 책상에 코 박고 혼자 공부하는 거라고 생각합니다. 그래서 부모들은 아이에게 "방에 들어가서 공부해!"라고 하면서 아이를 방에 고립시키죠. 그러면 아이는 책상 앞에 앉아서 공부하는 시늉을 합니다. 책상 앞에만 앉아 있으면 부모는 공부한다고 생각하니까요. 책상에 앉아서도 얼마든지 딴짓을 하거나 혼자 멍하니 있을 수도 있는데 말입니다. 이런 부모의 태도는 어찌 보면 책임을 회피하는 것일지도 모릅니다. 아이를 책상 앞에 앉히고 문을 딱 닫아놓고는 부모는 거실에서 TV만 보면서 우리 아이가 공부도 잘하고 말하기도 잘하길 바라니까요. 물론 아이가 독립적으로 스스로 공부하는 습관을 키워주는 건 중요합니다. 그렇지만 초등학생 때까지는 그런 독립심과 집중력을 발휘하기 힘들뿐더러 아직 다른 사람들과의 교류가 많이 필요한 나이에 방에 가둬놓고 혼자 공부하라는 건 가혹하기도 하고 효과도 적다고 생각합니다.

　　그래서 제가 추천하는 것이 '하브루타 교육법'입니다. 하브루타(Havruta)는 히브리어로, 원래 뜻은 '우정, 동료'이고, 하브루타 교육법은 유대인의 전통적인 학습법으로 '짝을 지어 이야기하면서 학습하는 방법'입니다. 부모와 자녀든 친구끼리든 서로 질문하고 대화하고 토론하고 논쟁하면서 학습하는 것이죠. 아마 우리 부모들이 어렸을 때는 수업 시간에 친구와 조금만 이야기를 나눠도 "떠들지 마!"라고 선생님의 불호령이 떨어졌을 겁니다. 이야기하는 것을 잡담이나 떠든다고 표현해서 비하하는 데 익숙했죠. 그러다 보니 이야기하는 게 어떻게 학습법이 될 수 있는지 조금 의아할지도 모릅니다.

하부르타 교육법은 왜 위력적일까요. 우선 사고력을 키워줍니다. 질문하고 대답하고 더 나아가 토론을 할 때 우리는 생각하게 됩니다. 따라서 뇌는 상당한 자극을 받기 때문에 아이들의 뇌 발달을 돕습니다. 또한 논리력도 길러집니다. 토론과 논쟁을 할 때는 상대방의 말에 반박하거나 설득하기 위해 논리적으로 말하는 법을 고민할 수밖에 없거든요. 단순히 듣고 외워서 시험문제의 답을 맞히는 것을 넘어 생각하는 두뇌를 길러주는 것입니다.

우리 부모들이 가장 관심이 많을 학교 공부에도 효과가 큽니다. 미국 NTL(National Training Laboratories)에서 여러 교육 방법에 따라 24시간 이후 기억에 남는 학습량을 연구한 결과가 있습니다. 이를 학습 피라미드(Learning Pyramid)라고 합니다.

수업 듣기의 평균 기억율은 5%밖에 되지 않습니다. 읽기, 즉 혼자 책상 앞에서 공부해서 기억하는 비율도 10%에 불과합니다. 이에 반해 서로 설명하기(다른 사람 가르치기)로 학습한 것은 90%를 기억한다는 거죠. 수업 듣기부터 시범 강의 보기까지의 상단부는 수동적 교수법, 집단 토의부터 서로 설명하기까지의 하단부는 적극적 교수법

학습 피라미드

수업 듣기 **5%**

읽기 **10%**

시청각 수업 **20%**

시범 강의 보기 **30%**

집단 토의 **50%**

실제 해보기 **75%**

서로 설명하기 **90%**

출처: National Training Laboratories, Bethel, Maine

이라고 합니다. 실제로 배운 것을 누군가에게 설명하다 보면 기억에 오래 남고 이해도 잘됩니다.

저는 1985년부터 이스라엘에서 1년 6개월가량을 보낸 적이 있습니다. 대학교를 졸업할 무렵 기자가 되고 싶어 여러 번 도전했지만 모두 낙방했습니다. 절망하던 차에 학교에서 자매결연을 맺은 이스라엘의 대학교에 갈 기회가 생겼습니다. 새로운 곳에서 도전해 보는 것도 좋겠다 싶어, 그 프로그램에 지원해 이스라엘 키부츠에 갔습니다. 이스라엘 아이들에게 태권도를 가르치기도 하면서 이스라엘 부모들이 아이를 어떻게 가르치는지도 볼 기회가 많았습니다.

하브루타 교육법은 어려운 게 아닙니다. 아이가 어릴 때부터 이야기를 들려주고 책을 읽어주는 것, 밥을 먹으면서 대화하는 것, 텔레비전이나 동영상을 보고 감상을 이야기하거나 토론하는 것 등 지금부터 설명할 모든 것이 하브루타에 속합니다. 이스라엘은 도서관조차도 참 시끄럽습니다. 책을 보면서 이야기를 나누고 토론하는 광경이 여기저기서 펼쳐져요. 이스라엘 사람들은 차를 마시면서도 3~4시간은 기본으로 떠듭니다. 유대인들끼리 농담으로 "정치인과 유대인은 물에 빠져 죽어도 입은 둥둥 뜰 것이다."라고 말할 정도입니다.

유대인은 열세 살 이전의 자녀 교육을 부모의 가장 중요한 의무로 여깁니다. 교육 환경을 우리 부모들이 당장 바꾸기는 어렵습니다. 하지만 가정에서 쉽게 할 수 있는 방법이 얼마든지 있습니다. 아이의 학습뿐 아니라 부모 자식 간에 단단한 신뢰가 생길 것입니다. 노벨상 수상자의 30%를 차지하고 미국 억만장자의 40%를 차지하며 세계 각 분야에서 활약하는 유대인들을 키워낸 자녀 교육 방법이 바로 하브루타입니다. 제가 지금부터 알려드릴 테니 찬찬히 따라와 주세요.

아이가 말을 하기 전부터 대화를 시작하라

유대인들은 아이가 배 속에 있을 때부터 아이에게 이야기를 들려주고 대화를 나누며 하브루타를 합니다. 사람이 말을 배우는 과정을 생각해 보세요. 말하기 전에 말을 많이 듣는 게 우선이잖아요. 많이 듣다 보면 이해하게 되고, 그러다 보면 입이 트이죠. 외국어를 배울 때도 마찬가지입니다. 아이들도 부모의 말을 들으며 자랍니다. 아이가 알아듣지 못해도 부모는 아이를 보면서 열심히 이야기를 하죠. 이때부터 말하기 교육이 시작되는 거예요. 아이는 말은 못 해도 부모의 말에 눈빛이 초롱초롱해지기도 하고 딴청을 피우기도 하죠.

간혹 말 못 하는 아기와 얘기하는 게 마치 벽을 보고 이야기하는 것 같다고 말하는 부모가 있습니다. 말 못 하는 아기에게 굳이 말을 많이 할 필요가 있냐고 말하는 부모도 있고요. 하지만 그 시간이 헛된 시간이 아닙니다. 부모의 말은 아이 안에서 차곡차곡 쌓이고 있고, 그게 어느 순간 아이의 말이 되어 아이의 입 밖으로 나올 테니까요. 아이는 생후 4개월이 지나면 들리는 소리를 그대로 모방하려고 합니다.

아기는 말은 못 해도 부모의 말을 듣고 있습니다. 매일 일상적으로 아기에게 이야기를 하면 아기의 뇌에서 말을 이해하는 부분이 자극을 받아 발달합니다. 미국 워싱턴대학교 음성 및 청각학과 교수인 패트리샤 K. 쿨 박사는 아이가 생후 10개월만 지나면 모국어에 맞춰 발달한다고 했습니다. 이때부터 아기는 자음과 모음이 들릴 때마다 고개를 돌려서 관심을 나타내는데, 즉 소음과 언어를 구분할 줄 아는 거죠. 그래서 모국어를 많이 들려주면 아이의 뇌 발달을 도울 수 있다고 합니다. 반면 아이에게 말을 걸지 않으면 아이는 의사소통을 경험하지 못하고 뇌에 자극을 덜 받게 되어 언어 발달이 늦어질 수 있습니다.

비록 언어로 된 답을 아이가 들려주지 않더라도 아이와 눈을 맞추고 입술 움직임과 다양한 표정으로 대화하세요. 집에 있는 물건들을 가리키면서 이름을 말해주고 아기의 신체 부위도 짚어주면서 "손가락" "배꼽" 등과 같이 말해줍니다. 생후 6개월만 되어도 아이는 부모의 말에 반응하고 부모의 말과 행동을 연결하기 시작합니다. "기저귀 가져와야겠다."라고 말한 뒤에 기저귀를 갈아주고, "우유 먹자."라고 하면 우유를 먹여준다는 걸 이해하기 시작하는 거죠.

아이에게 말을 거는 게 일방적인 대화라 어렵게 느껴질지도 모르겠지만, 사실 어렵게 생각할 게 없습니다. 아마 많은 부모가 이미 하고 있을 거예요. 아기를 보면서 "아이 예뻐라." "오줌 쌌어?" 등 소소한 대화를 나누고 있을 거예요. 뭐든 아이에게 보여주고 다 설명해 준다고 생각하세요. 장난감을 보면서 "여기 소방차가 있네?" "여기 탱크가 있네."라고 설명하는 거예요. 그러다 아이가 좀 컸을 때 소방차를 보고 "이건 탱크."라고 하면 아이가 말은 못 해도 손짓으로 표현할 거예요.

"아빠 틀렸어요. 그건 소방차예요."라고 말하는 거죠. 많은 장난감을 보여줘도 아이가 특별히 관심을 갖는 게 있을 거예요. 유독 경찰차에 눈빛을 집중하고 만지려고 할 수도 있죠. 이런 과정을 통해 아이의 흥밋거리를 파악할 수 있어요. 눈동자와 표정으로 아이가 즐거워하는지 관심을 갖는지 아니면 지루해하는지 알 수 있죠.

아이가 말뜻을 이해할 수 있게 되면 이때부터는 이야기를 많이 들려줘야 합니다. 아이가 항상 "이야기 들려주세요."라고 요청해 올 시기이기도 합니다. 예를 들어 청개구리 이야기를 들려주세요. 항상 엄마 말을 반대로 행동하던 청개구리 이야기죠. 엄마가 병에 걸려 죽게 되자, 청개구리가 반대로 할 것을 생각해서 강가에 묻어달라는 유언을 남겼는데, 청개구리는 반성을 하면서 이번에야말로 엄마 말대로 하겠다며 정말 강가에 엄마를 묻어요. 그래서 청개구리는 비만 오면 엄마 무덤이 떠내려갈 것 같아 슬프게 운다는 이야기죠. 우리 조카가 서너 살 때 이런 이야기를 해주면 눈물이 글썽글썽했어요. 언어능력뿐 아니라 감성적인 부분도 함께 발달하는 거죠.

아이가 말을 시작하기 전에 많이 들려주고 아이의 표정과 눈빛을 살피며 대화하세요. 부모가 아이에게 하는 말의 양이 아이의 언어 발달을 좌우합니다. 이 시기에 이런 말하기 교육을 할 수 있는 사람은 부모밖에 없습니다. 아이의 언어와 정서를 쑥쑥 키워주고 싶다면 지금 바로 시작해 보세요.

많이 질문하고 많이 들어라

아이가 2~3세 정도 되면 아이는 자기 의사를 표현할 수 있게 됩니다. 말은 아직 서툴지 몰라도 손짓, 발짓이나 웅얼거림 등으로 표현을 하죠. 이때 부모는 아이가 무슨 말을 하고 싶은지 추측해서 되물어보면 좋습니다. "배가 고프니?" "물을 달라고 한 거야?"라는 식으로 물어보세요. 그리고 아이가 단어로만 의사를 표현할 수도 있는데요, "책"이라고 하면 "책 읽어주세요." "물"이라고 하면 "물 주세요."라는 식으로 완전한 문장을 만들어 다시 들려주는 것도 좋습니다.

아이가 본격적으로 말하기 시작하면서 언어 발달이 매우 활발해집니다. 하지만 아직 어린아이라 어휘력도 부족하고 깊은 대화를 하기는 힘들기 때문에 부모가 질문을 많이 해야 합니다. 질문을 통해 이야기를 하게끔 유도하는 거죠. 예를 들어 《탈무드》에 나오는 '뱀의 머리과 꼬리' 이야기를 아이에게 들려준다고 해봅시다.

"뱀 한 마리가 있었어. 꼬리는 늘 머리가 가는 대로만 따라다니는 게 불만이었어. '왜 나는 네 꽁무니만 따라다녀야 하는 거지? 이건 너무나 불공평해.' 그러자 머리가 말했어. '너는 앞을 볼 수 있는 눈도 없고 위험을 알아차릴 귀나 혀도 없고 행동을 결정할 뇌도 없잖아.' 그래도 꼬리가 화를 풀지 않자 머리는 이렇게 제안했어. '정 그렇다면 내가 하는 일을 네가 대신 해보는 게 어때?' 꼬리는 기뻐하며 머리를 끌고

앞장섰지만 웅덩이에 빠지고 가시덤불에 갇히더니 산불이 난 곳으로 기어 들어가서 죽고 말았어."

이야기를 들려주고 나서 어떤 부모는 그대로 끝냅니다. "자, 이제 됐지? 이제 혼자 좀 봐." 또 어떤 부모는 교육을 한답시고 아이를 가르칩니다. "이 이야기의 교훈은 저마다 주어진 역할이 있다는 거야. 꼬리처럼 욕심부리면 안 돼. 알겠지?" 물론 이것도 나쁘지 않습니다.

그러나 가급적 가르치기보다 답변하도록 질문하세요. "꼬리는 뭐가 불만이었지?" "머리가 어떤 제안을 했지?" "네가 머리라면 어떻게 했겠니?" "뱀은 왜 죽었을까?" 그러면 아이는 여러 각도에서 생각하게 됩니다. 머리의 입장도 되어보고 꼬리의 입장도 되어보면서 다른 사람의 입장에서 생각하는 힘을 키웁니다.

저도 아이가 어릴 때 질문을 통해서 아이의 호기심을 자극하고 스스로 학습하게 했습니다. 아이에게 "이 단어가 무슨 뜻이었지? 아빠가 모르겠네."라고 하면 아이는 자기가 안다는 걸 자랑하고 가르쳐주고 싶어 해요. 몰라도 사전을 찾아보고 와서 "제가 가르쳐드릴게요." 하고 설명하더라고요. "아, 그 뜻이구나. 아빠가 몰랐는데 네가 가르쳐 줬네."라고 아이를 추켜세우면 아이는 아주 뿌듯해하면서 "뭐 또 모르는 거 없어요?"라고 적극적으로 나서기도 합니다.

질문을 한 다음에는 아이의 말을 경청해야 합니다. 아이가 더 듬더듬 말하거나 틀리더라도 말을 끊지 말고 끝까지 들어주세요. 아이마다 시기는 조금씩 다를 수 있지만 아이가 문장으로 말하기 시작하는 시기에는 많이 들어줘야 합니다. 우선 질문으로 시작하세요.

"오늘 유치원에서 흥부 놀부 이야기 들었지? 엄마에게 그 얘기 좀 해줄래?"

그러면 아이는 떠듬떠듬하면서도 신나게 이야기해요. 저는 아이가 어릴 때 이야기를 들려주는 걸 동영상으로 많이 기록해 두었습니다. 아이가 어른이 된 지금도 가끔 그 영상을 같이 보면 아이도 저도 감개무량하고 울컥한 기분이 듭니다.

아이가 자기주장을 하기 시작해도 아이의 입을 막지 말고 경청해야 합니다. 아이의 성격이 형성되는 시기에 표현력과 자신감, 그리고 발표력은 매우 중요합니다. 아이의 자기주장이 어설프거나 뻔하더라도 인내심을 갖고 끝까지 들어줄 때 아이는 자신감을 갖는 법입니다.

아이가 무언가 이야기를 시도할 때 맞장구를 치고 아이가 좋아하는 방식으로 대화를 유도하세요. 적극적으로 질문하면 아이의 구체적인 답변을 유도할 수 있습니다. 부모의 관심과 질문이 아이에게 생각할 기회를 주고 더 충실히 설명하게 만듭니다.

아이의 말을 잘 들어주라고 하면 묵묵히 듣고만 있는 부모도 있습니다. 하지만 내가 무슨 말을 하는데 상대방이 반응이 없으면 누구라도 맥이 풀리고 말할 의지를 잃어버리게 됩니다. 아이들도 마찬가지예요. 좀 과장되게 리액션을 해주고 맞장구도 쳐주세요. 아이가 어떤 이야기를 했을 때 "정말 재미있다!"라고 부모가 기뻐하면 아이에게는 강력한 동기부여가 됩니다.

그리고 아이가 무슨 말을 하든 칭찬해 주세요. 칭찬은 가장 효과적인 교육법입니다. 칭찬을 해주면 신이 난 아이는 더 열심히 이야기하고, 그것이 다시 칭찬을 부르는 선순환이 일어납니다. 뿐만 아니라 칭찬을 함으로써 아이의 흥미를 유발해서 잠재력을 끌어낼 수 있습니다. 부모의 리액션이 아이를 말하게 만든다는 사실을 잊지 마세요.

아이의 언어 발달 과정

0~3개월

- 아기는 배 속에서부터 소리를 들을 수 있고 청각 능력이 발달하면서 소리를 구분할 수 있게 된다.

- 3개월쯤에는 "아" "우" "으" 등 모음을 낼 수 있고 15초 이상 소리를 내기도 한다. 이때 부모가 반복해서 소리를 들려주면 아기가 따라 하기도 한다.

- 옹알이로 언어의 개념을 익힐 때이기 때문에 부모가 적극적으로 반응해야 아기의 의사소통 욕구를 자극하면서 언어 발달에도 도움이 된다.

4~6개월

- 4개월쯤에는 말을 이해하지는 못하지만 옹알이에 호응하면서 상호작용이 가능하다.

- 5개월쯤에는 옹알이가 줄어들고 마치 소리를 지르는 듯한 "어"나 "아" 같은 소리를 낸다.

● 6개월쯤에는 입술을 움직여 "맘마" 같은 단순한 소리를 내뱉을 수 있다. 옹알이를 하지 않을 수도 있지만 양육자가 말할 때 쳐다보거나 미소를 짓는다면 상호작용이 잘되는 것이다.

7~9개월

● 모음과 자음을 결합해 2음절의 소리를 낼 수 있다. 아이가 억양을 따라 하고 말에도 억양이 나타난다.

● 언어능력의 기본을 잡는 때이므로 열심히 호응하고 반응하면서 의사소통의 즐거움을 알려줘야 한다.

9~12개월

● 말의 의미를 이해하고 말을 시작하는 시기다. 처음으로 뱉는 말은 주로 "엄마"나 "아빠"다.

● 할 수 있는 말은 별로 없지만 머릿속에서는 더 많은 단어를 이해하기 때문에 지속적인 언어 자극이 필요하다. 아이가 하는 행동을 묘사해 주거나 주변 사물에 대해 "물이 차갑네."라는 식으로 시각과 촉각을 자극해 준다.

13~24개월

- 한 단어를 넘어 두 단어를 이어서 말할 수 있다. 사람들의 호칭을 부르고 새로운 단어도 말한다.

- 별 의미가 없는 소리를 말하다가 18개월쯤에 말문이 트인다. 자신의 생각을 말로 전달할 수 있고 "기저귀 가져와"라고 하면 알아듣고 가져온다.

- 20개월부터는 표현할 수 있는 단어가 늘어나고 자신의 신체를 가리킬 수 있다.

- 24개월쯤에는 서너 단어로 문장을 말할 수 있다.

- 아이의 언어 발달에 무척 중요한 시기로 대뇌가 발달하면서 어휘력이 폭발적으로 늘어난다. 아직은 단어 몇 개나 몇십 개 정도만 말하지만 머릿속에는 300개 정도의 단어가 들어가 있다.

25~36개월

- 서너 단어를 붙여서 말할 수 있고 간단한 대화가 가능하다. 사물의 크고 작음을 말할 수 있고 초성 자음도 정확히 말할 수 있다.

● 32개월쯤에는 간단한 동요를 부르고 35개월쯤에는 의문사를 사용해 질문을 한다.

● 동사와 명사를 연결해 문장을 구사할 수 있으며 표현력이 부쩍 늘어난다. 말을 많이 하면서 말실수도 하기 때문에 정확하게 표현하는 법을 알려줘야 한다.

참고: 아이홈티(ihomet.kr)

첫째도 인내심, 둘째도 인내심, 셋째도 인내심

제 아들은 어릴 때부터 수다쟁이였습니다. 아이가 말을 많이 하면 옛 어른들은 아이를 혼내곤 했죠. 더군다나 남자아이가 말이 많다? 남자는 과묵한 것을 미덕으로 여겼던 제 세대에는 결코 환영받지 못했습니다. 그러나 저는 아버지가 된 후 우리 아이들이 마음껏 떠들게 했습니다. 아들은 항상 재잘재잘 떠들었는데 저도 아내도 언제나 즐겁게 들어주었어요. 대화는 '듣기'에서 시작됩니다. 상대방의 말을 잘 들어주고 리액션을 해주면 아이는 더 신나서 이야기를 합니다.

아직 어른만큼 성숙하지 못한 아이의 말을 경청하는 게 쉬운 일은 아닙니다. 《탈무드》에서는 교사의 제1의 덕목으로 인내심을 꼽습니다. 교사란 잘하는 아이도 가르치지만 잘 못하는 아이도 가르치잖아요. 잘 못하는 아이를 가르칠 때는 인내심이 더욱더 필요하죠. 교사가 평정심을 잃으면 교사로서 자격이 없는 거예요. 부모는 제1의 교사이기 때문에 부모에게 가장 필요한 덕목도 인내심입니다. 이 사실을 잊지 않으면 아이의 하소연이나 투정도 경청할 수 있습니다. 미리 안 된다고 못 박지 말고 충분히 경청한 후 함께 하나씩 따져가며 동의를 유도하는 노력을 부모가 먼저 해야 합니다.

가족끼리 뭘 가르치는 게 아니라는 말을 하잖아요. 배우자에게 운전을 가르치다가 부부싸움을 했다는 말을 심심찮게 들을 수 있어요. 자기 자식에게는 더합니다. 내 자식이 이것도 못한다는 사실을 받아들이기가 힘들고 걱정이 되어서 이것도 모르냐고 화부터 내게 되는 겁니다. 그러니까 어쩌면 교사보다 부모에게 인내심이 더 필요하고, 인내심을 갖기가 더 힘든 일인지 모릅니다. 그러니 부모 여러분, 수련이 필요합니다.

인내심은 하루아침에 길러지지 않지만 자식 교육을 위해 노력하면 마음의 근육을 키울 수 있습니다. 매일 마음 근육 키우기 훈련을 하세요. 저도 성격이 급한 편이라 아이가 잘 못하고 버벅대거나 주저하고 있으면 "그것도 못해?"라고 하면서 제가 대신 해버리고 그랬어요. 그렇게 하다 보면 아이는 완전히 수동적이 되어서 먼저 하려고 나서질 않아요. 부모가 언제까지나 대신 해줄 수도 없는 노릇 아닙니까. 그래서 허벅지를 꼬집어서라도 기다려주는 인내심을 연습했습니다. 연습하면 부모도 늘고 성장합니다.

물론 실패할 때도 있습니다. 그럴 때는 원인 등을 기록하고 개선하려고 노력합니다. 현명한 부모는 자식의 시행착오와 역경을 함께 기다리고 간섭을 자제할 줄 알아야 합니다. 자식은 부모의 액세서리가 아닌 만큼 자녀의 자존감을 키우는 말과 행동을 하도록 스스로의 언행 습관부터 돌아봐야 합니다.

배우 성동일 씨가 방송에서 그런 말을 한 적이 있습니다. 아들 준이가 어렸을 때 아빠가 질문을 해도 답이 너무 늦고 야단을 쳐도 아무 말 없이 멀뚱멀뚱 쳐다보기만 하더래요. 나중에 준이에게 왜 대답을 안 하냐고 물어봤더니 이렇게 말하더래요.

"아빠, 나는 생각하는 거예요."

준이가 친구들과 노는 걸 보니 한참 곰곰이 생각한 후에 말하는 걸 볼 수 있었다고 합니다. 아들의 성격을 잘 몰랐고 어른의 시각으로만 본 것을 반성했다고 해요. 아이에게 생각할 시간을 주고 기다리는 법을 배우게 됐다고 했죠.

아이들은 어른의 속도대로 생각하고 답하기 어렵습니다. 그런데 부모는 빨리빨리 대답을 안 한다며 윽박지르게 되죠. 그래서 인내심이 필요한 겁니다. 아이의 속도에 맞춰서 아이가 더듬거리며 말을 하더라도 진심으로 흥미를 보이면서 들어줘야 해요. 5분 정도는 여유를 두고 기다려주세요. 그래야 아이는 안심하고 자기 얘기를 마음껏 할 수 있습니다. 말하는 것에 대한 두려움이 없어져요.

그래도 아이가 말을 시작하지 못하면 부모가 운을 띄워주거나 힌트를 줄 수도 있겠죠. 예를 들어 아이가 학교에 가기 싫다고 떼를 쓰는데 이유를 물어도 대답을 안 해요.

"화 안 낼 테니까 이유를 말해봐." 한참을 기다려도 말을 안 합니다.

"우리 아들이 뭔가 많이 속상한 모양이구나."

아이의 마음을 미루어 짐작해서 공감해 주면 아이가 진짜 이유를 털어놓기 쉬워요. 인내심을 가지라고 하면 아이가 말을 안 한다고 그냥 말할 때까지 내버려 두는 게 인내심이라고 생각하는 부모가 있어요. 경청은 그냥 가만히 있는 것이 아닙니다. 우호적 분위기를 만들어주고 맞장구와 호응을 해주면서 기다리는 것입니다. 경청도 테크닉입니다. 아이가 말을 하도록 분위기를 만들고 띄우는 상호작용의 일환이죠. 경청을 위한 7가지 수칙을 몸에 익혀야 합니다.

아이 교육은 언제나 예상보다 어려운 것 같습니다. 그래서 매번 인내심을 요구하죠. 하지만 자식의 첫 교사가 부모인 만큼 부모의 역할이 자식의 미래를 결정합니다. 이 점을 잊지 않으면 여러분도 인내심 강한 부모가 될 수 있습니다.

경청을 위한 7가지 수칙

1. 인내심을 요구하는 만큼 조금 나서고 싶어도 참는다.

2. 선입관이나 편견을 배제하고 마음을 활짝 연다.

3. 말하는 아이에게 집중해 준다. 스마트폰을 만지작거리거나 전화를 받는 것도 안 된다.

4. 시선을 아이에게 고정한다. 듣고 있다면서 고개를 숙이거나 돌아서 앉아 있는 것은 아이의 말을 방해한다.

5. 이야기를 재촉하지 않는다. 지루한 경우도 있겠지만 "짧게 하라."고 한마디한다면 아이는 압박감을 느낀다.

6. 아이가 말을 끝마칠 때까지 기다린다. 말을 도중에 끊으면 누구나 기분이 나쁘다.

7. 적당한 추임새를 넣어주는 것이 좋다. "그래서" "저런" "세상에"를 들으면 아이는 더욱 신나서 말하게 될 것이다.

말하고 듣고 토론하는 밥상머리 대화법

제가 어릴 때 참 힘들었던 게 식사 시간에 말을 못 하게 하는 거였습니다. 즐겁게 대화하면서 식사하고 싶은데 그랬다가는 아버지의 호통이 날아올 게 뻔해서 입을 꾹 닫고 밥만 먹으니 식사 시간이 즐겁기는커녕 고역이었어요. 저희 집뿐 아니라 많은 가정이 비슷했을 겁니다.

지금은 달라졌을까요? 식사 시간에 말을 못 하게 하는 문화는 사라졌을지 모르지만 요즘의 가정에서는 식구들이 모두 모여 식사하는 기회 자체가 드물죠. 부모도 바쁘지만 아이들도 너무 바빠요. 학교 끝나면 곧장 학원을 몇 군데나 돌다가 밤에야 돌아오고 저녁 식사는 밖에서 해결하는 아이들도 많습니다. 아이는 아이 나름대로 빡빡한 스케줄에 맞춰 움직이다 보니 식사 시간을 소홀히 하게 돼요.

아이가 밥을 먹고 있으면 부모는 어떻게 합니까. "빨리 안 먹고 뭐 하니, 학원 시간 늦는다." 같이 앉아서 대화를 하기는커녕 아이를 재촉하고 밥 먹는 시간을 마치 게으름 피우거나 낭비하는 시간처럼 만들어버리지 않나요?

바쁜 일상에서 아이와 소통하고 아이의 말하기 능력을 키워줄 수 있는 소중한 시간이 바로 식사 시간입니다. 서양 가정에서는 대화를 하면서 오랜 시간 식사를 한다는 건 잘 알려진 사실이죠. 이것을 테이블 토크(Table Talk)라고 하는데, '다이닝 테이블에서 하듯 편안하게 대화하는 것'을 뜻합니다. 유대인 역시 일주일에 꼭 한 번 이상은 가족이 모여 식사를 합니다. 음식에 대해서, 학교나 직장에서 있었던 일에 대해서, 세상일에 대해서 자유롭게 대화를 나눕니다. 밖에서 피곤하고 때론 힘든 일을 겪었어도 식사 시간에 이야기하면서 치유받는 거죠.

다른 사람과 식사를 함으로써 친밀감을 느끼게 되는 건 과학적인 사실이기도 합니다. 음식을 씹는 행위를 할 때 우리 뇌에서는 기분을 좋게 하는 신경전달물질인 세로토닌이 많이 나오므로 행복감이 퍼지고 분위기가 화기애애해집니다. 이처럼 편안한 분위기는 대화를 하기에 가장 좋은 기회입니다.

그러므로 밥상머리 대화를 적극적으로 활용하세요. 꼭 식사 시간이 아니어도 됩니다. 바쁜 아이를 강제로 식탁에 앉혀봤자 아이는 입을 열지 않아요. 정 시간이 안 맞는다면 주말에라도 시간을 만들어서 가족이 모여 차 마시는 시간을 만들어보세요. 토요일 낮에는 티타임을 갖는다든가, 일요일 저녁에는 반드시 가족이 모여 식사를 하는 등 모두가 지킬 수 있는 규칙을 만들어보세요.

같은 테이블에 앉았다고 끝이 아닙니다. 대화를 해야겠죠. 이때는 최대한 아이의 이야기를 끄집어내는 게 좋습니다. "오늘 학교 어땠어?" 정도가 많이 하는 질문일 겁니다. 그러면 아이의 성격에 따라서 재잘재잘 얘기하는 아이도 있고 잘 말하지 않는 아이도 있어요. "괜

찮았어."라든가 "그냥 그랬어."라든가, 아이들은 아직 어휘력이 부족하기 때문에 그 정도로 답하고 끝날 수 있죠. 그럴 때는 좀 더 구체적으로 질문해 주세요. "오늘 점심은 뭘 먹었어?" "맛이 어땠어?" 같은 식으로 다양한 질문을 던져보세요. 부모가 먼저 자신의 이야기를 꺼내놓는 것도 좋습니다. "오늘 아빠는 점심으로 짜장면을 먹었는데."라면서 말을 꺼내면 아이도 부모를 흉내 내서 똑같이 자신의 얘기를 하게 됩니다.

아이가 하고 싶은 말을 다 할 수 있는 분위기를 만들어주는 게 중요해요. 그런데 부모부터가 텔레비전을 보거나 스마트폰을 보면서 밥을 먹는 경우가 있죠. 아이가 무슨 말을 해도 건성으로 "응, 응." 하고 관심을 보이지 않으면 아이는 점점 입을 닫게 됩니다. 아이가 묵묵히 밥만 먹는다면 뭔가 잘못되었다는 위험 신호로 받아들여야 합니다. 밥 먹는 시간이 길어봤자 한 시간도 되지 않을 텐데 그 시간만큼은 아이에게 집중해 주세요. 소재를 가리지 말고 어떤 말이든 들어주겠다는 마음가짐으로 식탁에 앉아야 합니다.

아이의 행동이나 말을 지적하거나 일방적으로 가르치려고 하지 마세요. 아이는 훈계를 듣는다는 느낌을 받기 쉽습니다. 아이와 의견이 다르다면 토론하세요. 서로의 의견을 논리적으로 말해보는 겁니다. 이기려고 하는 게 아니라 서로 다른 생각을 들어보는 기회입니다.

친구를 만나서 식사할 때와 별반 다르지 않습니다. 맛있는 음식을 먹으면서 자연스럽게 이야기를 나누면 됩니다. 이런 밥상머리 대화에서 아이들은 말하기 능력을 키울 뿐 아니라 다른 사람의 말을 경청하는 법, 토론하는 법, 식사 예절 등을 배웁니다. 무엇보다 부모 자식 간에 신뢰가 돈독해지고 가족이 더욱 화목해질 것입니다.

밥상머리 대화법

- 일주일에 한 번이라도 가족이 모여 식사하는 규칙을 만든다. '가족 식사의 날'을 정해놓는 것이다. 이때 텔레비전이나 휴대폰을 보지 않고 식사와 대화에만 집중하는 게 좋다.

- 식사를 준비하고 먹고 치우는 것까지 가족이 함께하는 게 좋다.

- 직장에서 스몰토크를 하듯 아이와 가벼운 이야기를 시작한다. 질문을 통해 아이의 이야기를 끌어내고 부모의 일상적인 이야기도 들려준다.

- 대화를 하면서 천천히 먹고, 식사가 끝나면 후식을 먹거나 차를 마시면서 충분히 시간을 가진다.

- 아이의 말을 끊지 않고 끝까지 들어준다. 아이가 기쁘거나 슬픈 일에 관해 이야기한다면 우선 공감해 준다. 잔소리보다는 칭찬을 해준다.

- 훈계하지 않도록 조심한다. '~해라', '~이다'라는 닫힌 문장보다는 '어떻게 하는 게 좋을까?', '어떻게 생각하니?'라는 열린 문장을 사용한다. 아이와 의견이 다르다면 "왜 그렇게 생각해?"라고 물어보며 토론을 유도한다.

"

훈육에도
하브루타를
적용하자

"

아이가 잘못했을 때는 변호할 기회를 주어라

아이가 뭔가를 잘했을 때는 칭찬을 크게 해줘야 합니다. 영혼 없는 "잘했어."가 아니라 정말 기쁜 표정으로 과장되게 칭찬해 주세요. 칭찬하는 데서 그치지 말고 "네 생각을 얘기해 봐. 너는 어땠어?"라고 느낀 바를 물어봐 주세요. 항상 아이가 자신의 감정을 표현하도록 북돋아주는 게 좋습니다.

아이가 잘했을 때는 쉬워요. 문제는 아이가 뭔가를 잘못했을 때죠. 물론 아이가 잘못했으면 꾸짖는 것도 필요합니다. 그런데 주의할 점은 꾸짖기 전에 아이가 변명이나 해명을 할 기회를 먼저 줘야 한다는 겁니다. 얘기를 들어보면 앞뒤가 맞지 않거나 전혀 터무니없는 거짓말을 할 수도 있어요. 그래도 일단은 들어주고 "네가 하는 말이 납득이 안 가는데 다시 설명해 줄래?"라고 질문을 합니다. 아이가 거짓말을 했다면 금방 말문이 막혀서 거짓말을 실토할 거예요.

이처럼 훈육에도 하브루타를 활용해서 질문과 대화를 통해 아이가 스스로 생각하고 반성하도록 유도할 수 있습니다. 예를 들어 아이가 이렇게 말한다고 해봅시다.

"학교 가기 싫어."

그러면 어떤 부모는 아이가 게으름을 피운다고 생각하고 화부터 냅니다.

"이 녀석! 벌써 학교 가기 싫다니, 커서 뭐가 되려고 그래!"

이건 순서가 잘못된 겁니다. 우선 이유를 물어봐야죠.

"왜 학교에 가기가 싫을까?" 아이가 머뭇거립니다.

"화 안 낼 테니까 솔직하게 말해봐."

물론 그냥 놀고 싶어서 학교에 가기 싫은 것일 수도 있습니다. 그래도 자기 기분을 말할 기회를 충분히 준 다음 공감해 주고 학교에 가야 하는 이유를 설명해 주세요. "학교에 가지 않으면 어떻게 될까?" "공부는 왜 해야 하는 걸까?" 등 아이와 질문을 통해 대화하고 이를 바탕으로 아이가 스스로 생각할 수 있는 틈을 줘야 합니다.

제 아들도 중학생일 때 비슷한 말을 한 적이 있었습니다.

"나 반을 옮겨주거나 전학시켜 주세요."

이유를 물어보니 뒤에 앉은 친구가 자기를 괴롭힌다는 겁니다. 이런 얘기를 들으면 부모는 가슴이 철렁하죠. 우리 아이가 괴롭힘을 당하는 건 아닌지 걱정이 됩니다. 당장 학교에 쫓아가거나 담임 선생님에게 전화를 걸지도 모릅니다. 하지만 처음부터 부모가 나서버리면 아이는 타인과의 커뮤니케이션 능력을 키울 기회를 잃어버립니다.

저는 아들에게 선생님에게 얘기해 봤냐고 물었습니다.

"안 했어요. 얘기해 봤자 소용없을 거예요."

"친구가 괴롭히니 얼마나 힘들었을까. 아빠도 가슴이 아프고 당장 뛰어가서 해결해 주고 싶지만 우선 담임 선생님께 기회는

줘야지."

아이를 설득해서 보냈더니 담임 선생님께 얘기를 했다더군요. 그래서 선생님이 자리를 바꿔줬대요. 하지만 그게 근본적인 해결책이 되진 않았죠. 한 반에 같이 있으니 계속해서 아들을 괴롭혔어요. 아들의 얘기를 들어보니 그 친구는 힘은 세지만 공부를 못해서 그 콤플렉스 때문에 공부 잘하는 아들을 괴롭히는 것 같더군요. 그래서 자꾸 회피하기보다 먼저 다가가서 그 친구에게 말도 걸고 모르는 것도 가르쳐 주라고 제안했어요. 그랬더니 얼마 후에는 그 친구와 제 아들이 친구가 되어서 집에까지 놀러 오는 사이가 됐습니다.

물론 이런 방법이 통하지 않을 수도 있습니다. 그래도 아이가 학교 폭력으로 인해 위험한 상황에 처한 게 아니라 사소한 다툼이나 갈등이 있는 정도라면 아이 스스로 대화로 문제를 해결해 보도록 등을 떠밀어주세요. 그 방법에 대해서 함께 의논하고 시도해 보게 하세요. 부모가 나서서 모든 일을 해결해 주면 아이는 스스로 문제를 해결하는 능력을 키우지 못합니다. 스스로 해결할 수 있는 용기와 지혜를 주는 게 부모의 역할입니다.

아이가 스스로 바로잡을 기회를 주자

아이의 말을 잘 들어주고 주눅 들지 않게 칭찬해 주라고 말하면 이를 오해하는 부모들이 있습니다. 아이를 훈육하지 않고 무조건 오냐오냐해야 한다고 생각하는 거예요. 하지만 적절한 훈육은 반드시 필요합니다. 훈육을 하되 아이에게 발언권과 선택권을 주도록 균형을 잘 잡는 게 중요합니다.

징계나 벌에는 아이와의 사전 협약이 필요합니다. 예를 들어 게임 시간을 하루 한 시간으로 정하고 그걸 어기면 일주일간 게임을 금지한다는 식으로요. 아이가 지킬 수 있을 만한 규칙을 함께 정하고 그걸 어겼을 경우의 징계도 함께 정해서 약속하는 거예요. 징계는 아이가 두려워하는 것이어야 합니다. 일주일간 게임을 금지해도 아무렇지 않다면 그런 징계를 받는 것도 두려워하지 않을 것이고, 따라서 규칙을 예사로 어기겠죠.

훈육을 할 때 가장 중요한 것은 감정적이 되지 않는 것입니다. 사실 다들 알지만 지키기 힘든 것이죠. 부모도 사람이다 보니, 특히 내 자식이 내가 원하지 않는 일을 했을 때는 쉽게 감정적이 되기 마련입니다. 저도 감정 조절에 실패한 적이 있습니다. 심하게 화를 내거나 회초리를 든 적도 있었어요. 물론 바로 후회했죠. 많은 부모가 감정을 조절하기 못했을 때는 후회를 하고 아이에게 미안함을 느낄 거예요. 그런데 아이가 좀 더 크면 어련히 알아주겠거니 생각하고 그냥 넘어가죠. 저는 반드시 아이에게 사과를 했어요. 말로 직접 사과해야 부모도 경각심이 생겨서 다음에 똑같은 실수를 할 가능성이 줄어듭니다. 사과만 했다고 다가 아니거든요. 욱해서 화를 냈다고 사과하고, 다음에 또 화를 내고 사과하는 걸 반복하는 건 아이를 더욱 혼란스럽게 만들 뿐이니까요. 부모도 실수를 할 수 있지만 아이에게 같은 실수를 반복하는 건 생각보다 더 나쁜 결과를 낳을 수 있기에 각별히 유념해야 합니다.

훈육에는 언제나 사랑이 앞서야 합니다. 제 아들은 모범생이었지만 완벽하게 부모 마음에 들 수는 없는 법입니다. 아들이 초등학교 5학년 때였는데 언젠가부터 아침에 깨워서 학교에 데려다줄 때마다 아이가 잠에서 헤어나오질 못하더라고요. 눈빛도 멍하고 정신을 못 차렸어요. 이상하다 생각하던 어느 날 밤에 그 이유를 알게 되었습니다. 그날은 더운 여름밤이라 거실에서 혼자 자고 있었는데 새벽에 "타다다닥" 하는 소리에 잠에서 깼습니다. 도둑이라도 들어온 줄 알고 야구방망이를 찾아서 들었어요. 탁탁거리는 소리가 일정하게 들리기에 그 소리가 나는 방향을 찾으니 아들의 방에서 나는 소리지 뭡니까. 문을 살짝 열었더니 아들이 이불을 뒤집어쓰고 게임을 하고 있었어요.

'아, 이래서 아침마다 피곤해 보였구나.'

아들은 제가 보고 있다는 걸 꿈에도 모르고 이불 속에서 신나게 게임을 하는데 그 순간 저는 눈앞이 캄캄하고 오만 생각이 다 들었습니다. 여러분이라면 이 상황에서 어떻게 하겠습니까? 냅다 소리를 지를 수도 있고 이불을 걷어서 무서운 눈초리로 아들을 째려볼 수도 있겠죠. 저도 그렇게 하려는 생각도 했습니다. 그런데 제가 아들이라면 너무 놀라서 어쩌면 심장마비를 일으킬지도 모른다는 생각까지 들었어요. 아닌 게 아니라 손에 야구방망이까지 들었지 않습니까. 아들에게 그토록 심한 공포감을 주고 싶지는 않았습니다. 그렇게 되면 교육이나 훈육의 수준을 넘어서는 거라고 생각했어요.

조용히 문을 닫고 거실로 돌아와서 밤새 고민했습니다. 계속 모르는 척하는 건 아이를 위해서도 좋지 않으니 분명히 조치를 취하기는 해야 했어요. 당시 저는 인제대학교에서 교수직을 맡고 있어 인천에 있던 가족과 떨어져 지낼 때가 많았기 때문에 저보다는 아내가 아이들과 더 친밀했습니다. 그래서 아내에게 밤사이 있었던 일을 말하면서 아들과 얘기해 보라고 권했어요. 솔직히 제가 아들과 얘기했다가 감정을 통제하지 못하고 화를 내게 될까 봐 두려운 마음도 있었습니다. 다행히 아내가 아들에게 엄마 아빠가 다 알고 있다는 사실을 전했어요. 혼내거나 눈물을 흘리게 만들 필요도 없이 그 이야기를 전하고 타이른 것만으로 다음 날부터 아들은 게임을 그만뒀습니다. 아들은 이미 자신이 부모님을 속이고 있다는 죄책감을 가지고 있었을 테고, 그걸 부모님이 알면서도 화내지 않고 좋게 타이름으로써 스스로 바뀔 수 있는 기회를 준 것이죠. 무엇보다 그간의 소통을 통해 아이가 부모의 마음을 헤아리고 스스로를 통제할 수 있는 능력을 갖추게 된 게 컸을 것입니다.

아들이 변한 것을 보고 저는 이 일에 대해 기록을 남겼습니다. 그날 밤 문을 열고 뛰어 들어가지 않은 게 너무나 다행이었다고, 저 스스로를 칭찬했습니다. 그 순간에 참을 수 있었던 건 언제나 사랑이 먼저라는 것을 명심하고 있었기 때문입니다. 아이들은 언제나 잘못을 저지를 수 있습니다. 그럴 때는 먼저 아이에게 기회를 주어야 아이는 부모가 무서워서가 아니라 옳은 일을 하고 부모를 실망시키지 않기 위해 스스로를 통제할 수 있게 됩니다. 아이가 잘못한 걸 고치는 게 우선이지 혼내는 게 우선이 되어서는 안 됩니다.

칭기즈 칸이 이런 말을 남겼어요. "내 귀가 나를 가르쳤다." 칭기즈 칸은 참모들이나 학자들의 지혜를 듣고 상인들에게서 다른 나라의 이야기를 듣는 등 본인은 배운 게 없지만 주변인들의 이야기를 잘 들어서 천하의 칭기즈 칸이 되었다는 뜻이죠.

저는 이 말이 부모에게도 큰 가르침을 준다고 생각합니다. 부모 또한 자녀의 지도자인데, 독단적으로 결정을 내리거나 속단하거나 아집에 갇히지 않으려면 귀를 열어야 합니다. 아이를 훈육하거나 아이에 관해 중요한 결정을 내릴 때는 아이의 말을 듣는 것은 물론이고 배우자나 학교 선생님 등 아이를 아는 사람들의 말을 항상 들으려고 노력해야 합니다. 아이를 혼내야 하는 게 너무나 당연한 상황이라도 배우자와 다시 대화해 보면서 숙고해야 합니다.

부모가 훈육을 할 때 자녀를 자기 감정을 해소하고 성질을 부리는 대상으로 삼으면 안 됩니다. 안 하려고 해도 때로는 순간적으로 감정이 격해지는 때가 있어요. 그런데 그게 반복되면 습관이 돼요. 자신이 감정적이었다는 걸 뒤늦게 후회하지만 같은 실수를 반복하는 부모가 있어요. 이런 교육의 효과는 천천히 나타납니다. 이런 하나하나가 차곡차곡 쌓여서 어느 순간 아이가 엇나가는 거예요.

어떤 상황에서도 평정심을 유지하는 게 중요합니다. 실패했을 때는 왜 실패했는지를 기록으로 남기는 걸 추천합니다. 이를테면 저는 이런 기록을 남기곤 했습니다.

"오늘은 아들에게 화를 냈다. 초기 감정 조절에 실패해서 걷잡을 수 없었다. 더욱 내 감정을 통제하도록 노력하겠다."

"아이가 나의 단점을 그대로 닮은 것이 화가 났던 것 같다. 그렇게 감정적으로 화를 내서는 안 됐다."

같은 식으로 내가 뭘 잘못했는지, 다음에는 어떻게 해야 할지 쓰면서 정리하는 겁니다. 생각만 하는 것과 기록으로 남기는 건 천지 차이입니다. 이렇게 스스로 기록하고 개선하려는 노력을 반복하다 보면 반드시 나아집니다.

아이가 자라면 훈육 방법도 달라져야 한다

아이가 걷기 시작하고 이리저리 움직이면 위험도 커지기 때문에 부모는 "안 돼."라는 말을 입에 달고 살죠. 말을 하기 시작하면 고집도 세집니다. 이때쯤 되면 무조건 못 하게 했다가는 아이가 끝도 없이 떼를 부리기도 합니다. 특히 '미운 세 살'이라고 하는 시기가 되면 아이의 고집이 상당히 세지는데 설득이나 설명을 완전히 이해하지는 못할 시기입니다. 그래서 이때는 강한 어조로 훈육하는 것도 필요해요. 하지만 부모가 계속 제한만 한다면 아이도 자존심이 상합니다. 그러므로 적당히 허용해 주면서 가이드를 해주는 게 좋습니다. 비 오는 날 아이가 밖에 나가서 놀고 싶다고 하면 "대신 우산을 가지고 나가서 잠깐만 놀다가 오자."라는 식으로 타협안을 제시해 주는 거죠. 또 아이의 마음을 공감해 준 다음에 훈육을 해야 합니다.

아이가 학령기에 들어서면 아이가 스스로 생각하는 계기를 마련해 주는 게 좋습니다. 또한 벌이나 징계가 필요할 수 있는데, 아이가 좋아하는 게임을 일정 시간 못 하게 하거나 간식을 금지하는 등 아이가 누리던 것을 박탈하는 방식을 사용하는 것이 좋습니다.

이런 부모의 벌이나 징계가 효과를 발휘하는 것도 초등학교 때까지, 길어도 중학교 1, 2학년까지라고 생각합니다. 중학생쯤 되면 아이도 더 이상 부모 말을 곧이곧대로 듣지 않습니다. 그래서 훈육 방법도 좀 달라져야 하죠. 초등학생 때까지는 아무래도 절제력이나 자율성이 떨어지기 때문에 엄격하게 할 필요가 있지만, 이때까지 훈육이 잘되었다면 아이는 자기 통제력을 갖추게 되었을 테니 좀 느슨하게 훈육해도 된다고 봅니다. 또한 이때쯤에는 아이도 자신이 잘못했을 경우 '내가 잘못했다'는 사실을 자각하는 정도가 높기 때문에, 부모가 굳이 잘못을 추궁하지 않아도 뉘우치고 있을 가능성이 커요. 아이가 스스로 양심의 가책을 느끼고 부모를 실망시켰다는 부담감을 안고 있다면 스스로 잘못을 개선하기도 쉽습니다.

그럼 중학생, 고등학생 자녀가 어긋났을 때는 어떻게 바른길로 인도해야 할까요? 모든 아이에게 통하는 방법은 없을지도 모릅니다. 아이 하나하나가 다 다르니까요. 아이의 성향을 잘 파악해서 내 아이에게 효과적인 방법을 써야 합니다.

제 딸의 경우에는 무척 감정적인 아이였는데 중학생이 되면서 사춘기를 맞을 즈음에는 더 조심스러웠어요. 그래서 딸아이에게는 감성적으로 접근했습니다. 제가 지방의 대학교에 가 있는 동안에 딸이 컴퓨터 게임을 붙잡고 산다는 얘기를 아내에게서 들었을 때는 학교에 가기 전에 딸에게 편지를 써놓고 갔어요. "민지야, 네가 이 편지를 볼 무렵에는 아빠는 지금쯤 부산에 가 있을 거야."로 시작해서 딸을 얼마나 사랑하고 걱정하는지 충분히 이야기하고 마지막에 게임하는 시간을 조금 줄여줬으면 좋겠다는 당부를 덧붙였습니다.

나중에 아내가 말하길 딸아이가 편지를 보고 눈물을 흘리더라는 거예요. 물론 그렇다고 단번에 게임을 끊는 일은 생기지 않았지만 다섯 시간 할 것을 한 시간으로 줄이는 효과는 있었습니다. 딸이 영국에서 유학하고 있을 때도 밤늦게까지 논다든가 하는 일이 있으면 무척 걱정이 됐어요. 딸이 혼자 지구 반대편에 있으니 부모의 통제력이 닿지도 않고 전전긍긍하게 되죠. 제가 찾은 방법은 자주 편지를 보내는 거였습니다. 엄마 아빠가 너를 얼마나 믿고 지원하고 있는지 '네가 어디서 뭘 하든 나는 너를 믿는다.'는 신뢰를 지속적으로 표현했습니다. 말로 하면 잔소리로 들릴 얘기도 마음을 다해 쓴 활자로 보면 감동적으로 들릴 수 있습니다. 그리고 힘들 때면 언제든 꺼내 보면서 마음을 다잡을 수도 있죠. 이것이 활자의 장점입니다. 활자가 주는 영감이나 느낌이 말과는 또 다릅니다.

훈계하지 말고 대화하라

대화를 하라고 했더니 훈계만 늘어놓는 부모도 있습니다. 자기가 하고 싶은 말만 일방적으로 하고 아이는 마지못해 "네, 네." 하는 것을 대화했다고 생각하는 거예요. 부모는 뿌듯해하는데 사실 아이는 그 시간이 고통스럽습니다. 그래서 부모가 대화 좀 하자고 하면 잔소리를 듣거나 혼나는 시간이라고 생각하게 돼요. 그러면 진정한 대화는 물 건너가는 거죠. 대화란 주고받는 것이잖아요. 부모 혼자 목소리를 높인다고 대화가 아닙니다. 또 질문을 많이 하라고 하면 아이에게 심문하듯이 추궁하는 부모가 있어요. 그것도 안 됩니다. 눈높이를 아이에게 맞춰주고 편하게 말할 수 있는 분위기를 형성해야 하죠.

라포(Rapport)라는 말이 있죠. 사람과 사람 사이에 생기는 상호신뢰 관계를 뜻하는 심리학 용어입니다. 우리가 어떤 사람과 마음이 통한다고 느낄 때가 있죠. 그건 어떻게 알 수 있습니까. 대화를 통해 알 수 있죠. 대화를 통해 유대감이 쌓이고 신뢰가 생기면 '이 사람에게는 어떤 일이라도 터놓고 말할 수 있다.'는 마음이 됩니다. 라포는 비즈니스 관계에서나 처음 보는 사람과 관계를 형성할 때도 활용되는 대화법이에요. 날씨 얘기를 하면서 분위기를 편안하게 만들면 상대방의 이야기를 이끌어낼 수 있죠. 부모와 자식 간에도 이 라포가 중요하고, 가장 좋은 방법이 바로 대화입니다. 대화를 통해 라포가 형성되면 아이는 편하게 마음을 열고 말할 수 있습니다. 아이가 말을 안 하면 부모 자신의 얘기부터 꺼내보세요. "오늘 엄마는 회사에서 일이 많아서 힘들었는데 너는 어땠어? 밥은 잘 먹었니? 공부하느라 힘들지는 않았니?"라는 식으로요.

그러려면 어릴 때부터 아이가 '부모에게 어떤 말을 해도 괜찮다.'는 인식을 가지도록 해야 합니다. 어른의 관점에서 아이가 엉뚱한 말을 하거나 어리석은 말을 했다고 해서 "쓸데없는 소리 하지 말고 공부나 해."라고 말하지 마세요. 이런 말은 아예 아이의 말문을 막아버리고 망치로 못을 박아버리는 겁니다. 아이 입에서 나오는 말에 쓸데없는 소리란 없어요. 아이 딴에는 얘기해 볼 만하다, 재미있다 싶어서 기껏 부모에게 이야기하려는데 쓸데없다며 차단하면 안 되죠. 아이의 말은 나름대로 다 가치가 있고 아이의 마음 상태나 상황에 대한 힌트를 주는 단서가 되기도 하니까, 얼마나 값진지 모릅니다.

특히 아이가 클수록 부모에게 감추는 게 많아지고 부모에게 떳떳하지 못한 일을 했을 때도 생기는데요. 아이들은 말은 숨겨도 표정이나 눈빛은 잘 숨기지 못해요. 아이가 말은 하지 않고 있지만 지금 떨고 있구나, 말은 하고 있지만 지금 뭔가를 속이고 있구나, 말은 하고 있지 않지만 어떻게든 잔머리를 굴려서 이 상황을 모면하려 하고 있구나 등. 부모는 아이의 눈만 봐도 알 수 있을 거예요. 예를 들어 아이가 게임방에 안 간다고 하고 갔어요. "어디 갔다 왔어?"라고 물으면 벌써 눈동자가 흔들립니다. 그러면 제가 넘겨짚어서 말하죠.

"게임방에서 너를 봤다는 사람이 있던데."

"아빠 어떻게 알았어?"

"혼 안 낼 테니까 왜 갔는지만 설명을 한 번 해봐."

모든 것을 대화로 풀 수는 없어요. 아이의 비언어적 메시지에도 신경을 써주세요. 아이의 눈높이에 초점을 맞추고 눈을 잘 보세요.

눈은 모든 것을 말해주고 눈빛은 속일 수 없습니다. 아이의 걸음걸이도 마찬가지입니다. 조심스럽게 들어오는지 무방비 상태로 편안하게 들어오는지 알 수 있죠. 놀라거나 두렵거나 기쁘거나 이런 감정이 아이 표정과 눈빛에서 드러납니다. 그래서 부모는 자식과 대화할 때 아주 면밀한 관찰자가 되어야 해요. 일거수일투족을 감시하는 게 아니라 애정을 가지고 관찰하세요.

부모의 비언어적인 요소도 중요합니다. 부모가 화가 나 있으면 아이를 부르는 목소리부터 달라지잖아요. 부드럽게 "영수야"라고 부르는 것과 "김영수!"라고 부르는 건 천지 차이죠. 그러면 아이가 오는 발걸음부터 달라집니다. 부모가 화가 난 걸 알아채고 위축되거나 즐겁게 부르는 걸 알고 설레면서 뛰어오기도 하죠.

저도 예전에 아이에게 지적을 받고 알았어요. 딸아이가 말하기를, 아빠가 자기를 "민지야" 이렇게 부를 때랑 "김민지!" 이렇게 부를 때랑 자기는 벌써 마음이 달라진다고 하더라고요. 이미 잔뜩 주눅이 들어서 경계심을 가지고 아이는 마음에 무장을 하고 와요. 눈물이 쏟아질 것 같으니 내가 무슨 말을 해도 안 들리는 거예요. 훈계를 위한 훈계가 되어버리죠. 아이에게 그런 불안감을 줬다는 게 미안하더라고요. 혼을 내더라도 우선은 정상적인 대화에서 시작하라고 말하고 싶습니다. 저도 시행착오를 거치면서 알게 된 것인데, 차분하게 대화하면서 '왜 잘못됐는지' 설명하고 아이가 거짓말을 했다면 '거짓말이 너

를 어떻게 위험에 빠뜨리는지' 충분히 설명을 했어요. 그렇게 했더니
훨씬 좋아졌습니다. 아이도 개선될뿐더러 부모와의 관계도 더욱 좋아
진 거죠.

하브루타 훈육법

1. 아이를 꾸짖기 전에 스스로 변호할 기회를 주자. 왜 그랬는지 이유를 솔직하게 말할 수 있는 분위기를 만들어야 한다.

2. 이유를 들어보면 의외의 대답이 나올 수 있다. 아이 나름대로 애를 썼는데 잘 안 되었다거나 다른 어려움이 있었을 수도 있다. 그럴 때는 우선 "그랬구나. 힘들었겠구나."라고 공감한 다음 훈육을 해도 늦지 않다.

3. 아이가 거짓말을 하는 게 뻔히 보이더라도 "잘 이해가 안 가는데 다시 말해줄래?" "엄마는 그 이유가 납득이 안 가는데?"라고 설명을 요구하자. 대부분의 아이는 거짓말을 계속하지 못하고 실토하게 된다.

4. 아이가 위험에 처한 게 아니라 사소한 갈등이나 문제에 빠졌다면 스스로 해결해 보도록 북돋아주자. 아이들은 아직 인간관계에 서툴 수 있으므로 방법을 함께 강구해 보고 조언도 해준다.

5. 부모가 강압적으로 어떻게 하라고 말하기보다 아이의 생각을 물어보자. 아이가 게임에 빠졌다면 하루에 몇

시간이 적당하다고 생각하는지 물어보고 규칙을 정한다. 그리고 그 규칙을 스스로 지키도록 독려하자. 물론 아이가 규칙을 못 지킬 수도 있다. 그럴 때도 "이번에 규칙을 못 지켰네? 그래도 노력하면 지킬 수 있을 거야. 다시 시도해 보자."라며 격려해 주는 것이 좋다.

6. 벌이나 징계가 필요하다면 아이가 좋아하는 것을 얼마 동안 못 하게 하는 방식이 좋다. 좋아하는 게임을 금지하거나 간식을 제외하는 식이다.

7. 아이가 청소년기가 되었다면 벌이나 징계는 통하지 않을 가능성이 크다. 그래서 그전까지 자기 통제력을 최대한 갖추도록 도와주는 것이 좋다. 청소년기에는 그동안 쌓은 신뢰를 바탕으로 훈육보다는 조언을 해주는 형태가 바람직하다.

8. 《탈무드》에는 "화를 내면 지혜를 잃어버린다."는 말이 있다. 또 "아이가 부모의 사랑을 느끼지 못한다면 훈육은 분노, 수치심, 복수심만 불러일으킬 뿐이다."라는 말도 있다. 사랑의 표현 없이 훈육과 벌, 징계만 있다면 아이가 자랄수록 부모에 대한 적대감도 함께 자란다. 훈육을 한 뒤에는 사랑한다는 표현을 꼭 해주자.

"

집 밖에서
업그레이드하라

"

가족 행사는 스피치를 연습하는 기회

　　요즘은 친척과의 교류도 줄어들고 이웃과 인사조차 하지 않고 지내는 경우가 많은데요. 익숙한 부모가 아니라 다른 어른들을 만나는 게 아이를 위해서 중요하다는 것을 알고 아이가 그런 환경에 노출되도록 부모가 좀 더 신경 써주면 아이의 말하기 능력과 사회성을 기르는 데 도움이 됩니다. 친척이나 이웃과 어울리도록 기회를 주세요. 명절에 친척들이 모이면 어른들만 화투를 치고 아이들은 따로 놀게 하는 경우가 많은데 전통적으로 윷놀이 같은 놀이는 어른 아이 할 것 없이 함께했습니다. 보드게임도 좋고 배드민턴 같은 스포츠를 해도 좋아요. 어른 아이 구분하지 말고 할머니, 할아버지와도 아이들이 자연스럽게 어울리게 해주세요.

　　저는 아이들과 차로 이동할 때나 대화할 기회가 있을 때 친척들에 대해서도 많이 이야기를 나눴어요. 아이가 삼촌을 좋아한다면 삼촌이 왜 좋은지 얘기해 보라고 하는 거죠. 아들이 두 가지를 얘기하면 옆에서 듣고 있던 딸이 "나는 네 가지 말할 수 있는데!"라고 끼어들어요. 어느새 두 아이가 경쟁적으로 삼촌의 장점에 대해 이야기하기 시작합니다.

　　이모나 고모 혹은 삼촌 같은 가까운 친척들과 아이가 대화할 기회를 많이 주는 걸 권합니다. 보통은 어른들끼리 술 한잔하면서 이야기를 나누고 아이들한테는 방에 들어가서 공부하라고 하거나 혼자 게임을 하거나 동영상을 보게 틀어주는 경우가 많죠. 아이한테 방해받는다고 생각하기 때문이에요. 아이가 들으면 안 되는 심각한 이야기를 하는 게 아니라면 아이도 같이 대화하게 해주세요. 이렇게 해서 친척들과 친밀해진 아이는 사춘기를 맞거나 성인이 되어서 부모한테 못 하는 이야기를 오히려 이모나 삼촌에게 말하기도 해요. 부모 자신도 그런 경우가 있을 겁니다. 아무래도 부모는 자기 자식을 객관적으로 바라보기 어렵기 때문에 한 걸음 떨어져 있되 친근한 이모나 삼촌한테 어려운 얘기를 털어놓기가 쉬운 거죠.

이처럼 아이의 성장에 따라 대화하는 대상을 다양화시켜 주세요. 아이가 태어나 스스로 걷고 말하기 전에는 부모의 역할이 무엇보다 중요하지만 중학생 이상이 되어 사춘기를 겪을 즈음에는 부모가 한 발짝 물러서는 것이 지혜롭습니다. 그때까지 충분히 소통하고 아이의 소통 능력도 키워줬다면 너무 걱정할 필요가 없습니다. 오히려 아이가 세상을 살아가고 소통하는 폭을 넓혀주고 세상을 알려주는 기회가 됩니다.

친척이 너무 없거나 왕래를 거의 안 하는 가정일 수 있어요. 어른들끼리 사이가 안 좋은데 아이만 친하게 지내라고 할 수도 없죠. 아이들은 다 알거든요. 꼭 친척이 아니어도 이웃이나 아이 친구들의 부모도 비슷한 역할을 해줄 수 있습니다. 제 아들은 친구 아버지가 회계

사였는데 아이도 수학을 잘하니까 회계사라는 직업에 대해 관심을 갖고 많이 물어보더라고요. 나중에 보니 저도 모르는 회계사에 관한 지식을 많이 가졌더라고요. 항상 보던 부모가 아니라 다양한 직업이나 경험을 가진 어른들과의 교류가 아이에게는 엄청난 도움이 됩니다.

이웃도 쉽게 만날 수 있는 어른이고, 아이의 말하기 능력과 사회성을 키워줄 수 있는 좋은 대상입니다. 저는 아이들이 어렸을 때 아파트 엘리베이터를 타서 다른 어른이 있으면 꼭 인사를 하라고 가르쳤어요. 한번은 딸아이와 같이 엘리베이터를 탔는데 아래층에 사는 이웃이 타더군요. 아이는 당연히 인사를 했고, 그 이웃이 저를 보고는 "아, 이 아이 부모님이시군요."라고 하면서 아이가 인사성이 밝다고 칭찬했어요. 칭찬받은 아이는 더 열심히 인사를 하게 됐죠. 그런데 아이에게 인사하는 걸 가르치려면 부모가 먼저 인사를 잘해야 해요. 이웃들과도 인사하고 지내고, 아이 친구들의 부모들과도 잘 지내야 아이가 보고 배우거든요. 예를 들어 부모가 택배를 가져다준 기사에게 어떤 식으로 감사 인사를 하는지, 새로 이사 온 이웃에게 어떻게 말을 건네는지 등 아이들은 다 보고 배웁니다. 만약 부모가 인사도 하지 않고 이웃이나 친척, 학부모들과 있어도 스몰토크를 전혀 하지 않는다면 아이도 그게 당연한 거라고 생각하게 되죠.

가족 내에서 아이의 말하기 능력을 길러줄 때 가족 행사는 아주 좋은 기회입니다. 예를 들어 할머니 생신이나 이모의 결혼식 등 여러 가지 이벤트가 생기죠. 이런 경우 많은 가정에서는 그저 어른들의 잔치로 여기고 아이들은 뒷전으로 밀려나게 됩니다. "저리 가서 너희끼리 놀아."라고 짐짝 취급을 하거나 그저 구경꾼으로 참가하게 돼요. 안 그래도 집중력이 짧은 아이들인데 그런 행사에서 가만히 지켜보고만 있어야 하면 얼마나 지루하겠습니까. 그러니 "빨리 집에 가자."고 엄마 바지가랑이를 붙잡고, 그걸 본 엄마는 혼을 내고, 이런 광경을 한 번쯤 겪거나 봤을 겁니다.

아이들도 가족 구성원이니 당당하게 이벤트에 참가하게 해주세요. 저의 경우에는 가족 행사가 있을 때면 아이들에게 3분 스피치를 하게 했습니다. 할머니 생신 잔치라면 할머니가 왜 좋은지, 어떤 점이 감사한지 말하게 하는 거예요. 보통 아이들에게 노래 한번 해보라고 하거나 장기자랑을 많이 시키죠. 그것도 좋습니다. 하지만 노래하기 싫어하는 아이도 있으니, 그럴 때는 스피치를 시키면 좋습니다. 스피치라고 하니까 어려워 보일지 모르겠는데 단순히 아이에게 그날의 주인공을 향해 하고 싶은 말을 하게 하는 겁니다. 미리 써와도 좋고 즉석에서 해도 좋습니다. 앞에 나가서 말하는 것을 부끄러워하는 아이들도 있어요. 그런 아이에게는 강요하지 마세요. 원래 내성적인 아이일 수도 있고 친척들과 교류가 별로 없어서 아이가 어색해할 수도 있으니까요. 아이가 편하게 나서서 말할 수 있는 분위기를 만들어주는 건 어른들 책임입니다.

기다리는 시간은 대화의 시간

아이의 말하기 교육은 집 안에서만 할 수 있는 것이 아닙니다. 집 밖으로 나가서 새로운 환경에 놓이면 더 풍부한 대화를 할 수 있어요. 집에만 있다 보면 얘기할 소재가 부족할 수도 있지만 집 밖으로 나가면 대화할 거리가 아주 많아집니다. 따라서 가족 여행은 말하기 교육에도 좋은 자극이 되고 가족 간에 풍부하게 대화하며 추억까지 쌓을 수 있는 장이 됩니다.

외식을 하거나 여행을 갈 때 아이를 짐처럼 끌고 다니기보다는 말하기 교육을 하는 시간으로 활용할 수 있습니다. 식당에서 아이에게 스마트폰으로 영상을 틀어주고 어른들끼리만 대화를 나누는 광경을 많이 봅니다. 물론 어른들끼리 할 이야기도 있을 것이고 아이가 아직 말을 잘 못해서 대화가 어려울 수도 있겠죠. 그래도 아이에게 계속 질문하고 말을 걸어줄 기회를 만들어야 합니다. 집 안의 식사 시간과 마찬가지로 식탁에서는 스마트폰을 금지하고 대화를 나누는 자리라는 걸 부모부터가 보여주면 아이들도 자연스럽게 따라옵니다.

여가 시간이 늘면서 여행을 다니는 가족이 많고 코로나 사태 전에는 해외 여행도 참 많이 갔죠. 코로나19 때문에 해외에 가기는 어려운 상황이지만 대신 캠핑 붐이 불었고 국내 여행을 다니는 가족도 많습니다. 저도 아이들이 어렸을 때부터 가족 여행을 많이 다녔습니다.

저는 여행을 한마디로 말하면 '기다림'이라고 생각합니다. 여행을 가보면 공항에서도 기다려야 하고 기차역에서도 기다려야 하고, 자차로 가더라도 차 안에서 아이들은 하염없이 기다려야 합니다. 여행지에 도착하면 케이블카 같은 걸 타는 데서도 기다려야 하죠. 맛있는 음식점에 가도 줄을 서서 기다리기도 하고요. 그야말로 여행은 기다림의 연속입니다. 기다리는 시간에 사람들은 짜증을 내기도 하고 심지어 가족끼리 싸움이 나기도 해요. "그러게 딴 데 가자고 했잖아." "더 일찍 준비했으면 이렇게 안 기다려도 됐잖아." 하면서 말이죠.

그리고 기다리는 동안 각자 스마트폰을 보고 있는 가족이 참 많습니다. 부모부터가 스마트폰을 보니까 아이들도 스마트폰으로 게임을 하거나 동영상을 보죠. 그런 모습을 보면 참 안타깝습니다. 기다리는 시간은 결코 버리는 시간이 아니고 대충 때워야 하는 시간도 아닙니다. 그 시간을 대화의 시간으로 바꾸면 정말 생산적이고 만족스러운 시간이 됩니다. 저는 가급적 가족 여행을 할 때는 사진을 찍거나 하는 꼭 필요한 것이 아니면 스마트폰을 보는 걸 삼가고 가족에게 집중하는 시간을 보냅니다. 일상에 치여서 미처 못 했던 이야기들을 집밖의 새로운 환경에서는 허심탄회하게 할 수 있게 됩니다.

또한 여행지에서는 어디에 가고 무엇을 먹을지가 중점이 되잖아요. 그런 것을 자녀와 함께 이야기해서 정해보세요. 부모가 일방적으로 정하고 아이들은 이리저리 끌려다니는 형태가 되면 하나도 즐겁지 않습니다. 새로운 곳을 가고 새로운 음식도 먹고 하면 이야기할 거리가 훨씬 많아지죠. 집에서는 부모가 음식 만드느라 설거지를 하느라 식탁에 다 같이 앉아 대화하기가 힘들 수 있는데 여행지에서는 일단 그런 걱정이 없어요. 여유롭게 식당의 서비스를 받으며 장시간 대화를 나눌 수 있으니 얼마나 좋습니까.

메뉴를 고를 때도 아이들과 의논해서 고르고 뭘 먹고 싶은지 물어보다 보면 아이들이 말이 많아질 수밖에 없어요. 음식을 먹으면서는 "음식 맛이 어때?" "무슨 재료가 들어갔을까?"라는 식으로 감상을 물어보세요. "오늘 갔던 데 어땠어? 어떤 점이 좋았어?"라면서 관광한 곳에 대해서도 얘기를 나눠보세요.

저는 여행을 갈 때면 아이들에게 노트나 수첩을 하나씩 줬습니다. 여행지에서 본 것, 느낀 것, 먹은 것 등을 메모하라고 했습니다. 이 역시 과제처럼 느껴져서는 안 됩니다. 저부터가 메모를 하기 때문에 아이들도 자연스럽게 따라 했던 것 같아요. 보통 여행 갔다 오면 남는 건 사진밖에 없다고 하잖아요. 물론 사진도 중요합니다만 당시에 느꼈던 감정이나 생각이 집에 돌아오면 옅어지거나 잊어버리니까 느낌이 생생할 때 기록해 두는 것이 좋습니다. 이건 어른들도 마찬가지라고 생각해요. 오히려 아이들보다 더 빨리 잊어버릴 수도 있습니다. 또한 자신이 본 것과 느낀 것을 글로 옮기는 능력도 키울 수 있습니다. 부모와 대화하면서 말로도 하고 글로도 쓰니까 종합적으로 언어능력이 향상됩니다.

　뿐만 아니라 여행의 기록은 두고두고 도움이 됩니다. 예를 들어 아이들 학교에서 휴가 동안 뭘 했는지 글짓기나 발표를 시키는 일이 있는데 여행 노트를 활용할 수 있죠. 때에 따라선 자기소개서를 더 풍부하게 만드는 데 활용할 수도 있고요. 이 여행 노트는 뒤에서 설명할 독서 노트나 기록장과 같이 아이의 자산이 될 것입니다.

차 안은 대화하기 가장 좋은 공간

　이동 시간 역시 아이들과 대화할 수 있는 절호의 기회입니다. 폐쇄된 공간에 꼼짝없이 앉아 있어야 하고 방해하는 사람이 없으니 자연스럽게 대화를 하게 되거든요. 버스나 기차를 탈 때도 부부는 부부끼리, 아이들은 아이들끼리 앉는 경우가 많을 텐데요. 우리 가족의 경우엔 좌석을 바꿔가며 앉았습니다. 때로는 아들을 엄마랑 앉게 하고 제가 딸이랑 앉았다가, 돌아올 때는 아들과 저, 엄마와 딸로 바꿔가면서 앉는 거죠. 상대가 바뀌면 또 새로운 얘기를 하게 됩니다.

　부모가 먼저 대화를 시도해야 합니다. 저는 주로 아이들에게 "무슨 사진 찍었어?"라며 이야기를 유도해요. 아이들이 좀 더 어릴 때는 제가 재미있는 이야기를 들려줬어요. 저는 제가 겪은 이야기들을 해줬는데, 아빠 이야기라고 하지 않고 가상의 인물을 만들어서 이야기했어요.

"옛날에 한 시골 마을에서 있었던 일이야. 창준이라는 아이는 울릉도에서 자랐어. 그러다 이스라엘에 가서 태권도 사범을 하게 됐는데…"

아버지가 어릴 때 이야기를 해도 아이가 흥미를 가질 수 있지만 가상 인물을 내세우니까 더 이야기처럼 들리는지 흥미진진해하더라고요. 저도 마음 놓고 과장을 보태거나 조미료를 팍팍 쳐서 더 재미있게 이야기할 수 있어서 좋은 방법이라고 생각합니다. 이야기를 들려주면서 아이 반응을 살피세요. 아이가 지루해하는 것 같으면 그 부분은 줄이고 눈빛이 반짝반짝하면 그 부분을 늘려서 이야기하는 거죠. 나중에 그 창준이가 사실은 아빠라고 얘기했더니 깜짝 놀라더라고요. 이런 반전을 선사하는 것도 아이에게 좋은 선물이 될 것입니다.

아이가 부모 말에 이렇게 귀를 기울이는 시간은 기껏해야 초등학교 때까지입니다. 이때가 지나고 나면 어떤 재미있는 얘기를 해준다고 해도 "아버지, 됐습니다."라고 하거든요. 그래도 어려서부터 아이들하고 활발하게 대화와 소통을 하다 보니까 아버지를 만나면 심심하지 않다, 재미있다는 생각이 아이들 머릿속에 박혀 있어요. 아이들이 중학생만 되어도 가족끼리 여행 가는 것도 꺼린다고 하는데, 우리 아이들은 아버지와 함께 여행 가는 걸 아직도 즐거워해요. 여행 계획도 아이들이 짜와서 함께 의논하죠. 그렇게 지금도 가족 여행은 정례화하고 있습니다.

여행뿐 아니라 명절에 조부모님 댁에 가거나 할 때 장시간 차 속에 갇힌 아이들은 지루해서 몸을 배배 꼬기 시작합니다. "아빠, 아직 멀었어요?" "어디쯤 왔어요?" "얼마나 더 가야 해요?" 10분에 한 번씩 묻는 아이들에게 "다 왔어, 조금만 참아."라고 처음에는 달래다가 아이들 투정이 심해지면 부모도 짜증을 내버리기도 하죠.

아이들 등하교 시에도 차로 데려다주는 부모가 많죠. 반드시 부모와 아이가 한 공간, 그것도 좁은 공간에 함께 있어야 하는 시간이니 이 또한 좋은 기회입니다. 이런저런 일상 이야기를 두런두런 나눌 수 있으면 가장 좋습니다. 아이가 수업 이야기, 친구들 이야기, 선생님 이야기를 가감 없이 할 수 있는 분위기를 만들어주세요. '이런 이야기를 하면 아빠가 싫어하겠지?' '그 이야기를 하면 엄마가 혼내려나?' 아이가 이렇게 미리 검열을 하고 부모 눈치를 보게 만들면 안 됩니다. 아이 얘기 중에 '저건 좀 아니다.' 싶은 부분이 있을 수 있어요. 예를 들어 아이가 학교에서 친구들과 창문틀에 올라가며 놀았다는 이야기를 했습니다. 그러면 "그런 위험한 짓을 하면 어떡해!"라고 다짜고짜 화를 낼 수가 있어요. 아이는 재미있는 기억이라 신나게 이야기했는데 부모가 화를 내고 혼이 나니까 다음부터는 이야기하길 꺼리게 되죠. 그럴 때는 "정말 재밌었겠구나. 그런데 창틀에 올라가는 건 위험해. 혹시 네가 다치기라도 하면 엄마가 너무 가슴이 아프니까 다음부터는 안 그랬으면 좋겠어."라고 차근차근 설명해 주세요.

아이와 할 얘기가 없다는 부모도 있습니다. 하다못해 끝말잇기라도 하세요. 말을 막 배우기 시작한 아이들은 끝말잇기를 참 좋아합니다. 툭하면 "아빠 끝말잇기 해요."라고 요청하는데 부모 입장에서 귀찮을 때도 있죠. 하지만 단어를 생각하면서 아이의 언어가 발달한다는 걸 생각하면 이보다 더 좋은 교육이자 놀이가 없습니다. 게임을 하거나 동영상을 보는 것보다 부모와 끝말잇기를 하는 게 아이의 언어력과 사고력을 키워줍니다.

차에서 할 수 있는 언어 놀이

끝말잇기

어른이나 아이나 가장 쉽게 할 수 있는 언어 놀이다.

간판 찾기

아이가 글을 배우기 시작할 때 창밖에 보이는 간판이나
표지판을 읽으면서 어휘력을 향상시킬 수 있다. "기역(ㄱ)
이 들어가는 간판 찾아보자."라는 식으로 흥미를 자극할
수 있다.

난센스 퀴즈

부모가 난센스 퀴즈 몇 개를 찾아놓고 퀴즈를 내면 아이
들이 즐거워한다.

재미있는 이야기 들려주기

부모가 재미있는 이야기를 들려주거나 아이에게 재미있
는 이야기가 있으면 얘기해 보라고 한다.

말장난하기

아이들은 농담을 좋아한다. 흔히 '아재개그'라고 부르는 말장난이나 농담을 하면서 언어 유희를 즐길 수 있다.

오디오북 듣기

요즘에는 오디오북이 많다. 부모가 상호작용을 해주기 힘들 때는 오디오북을 틀어주는 것도 좋다.

노래 부르기

아이들이 좋아하는 노래를 따라 부르는 것은 즐거울 뿐 아니라 언어 발달에도 도움이 된다. 가사의 내용을 묻고 그 의미를 생각해 보는 것도 좋다.

목소리 녹음하기

아이들은 자기 목소리를 듣는 것을 좋아한다. 노래하거나 만화영화 속 한 장면을 따라 하고 그것을 다시 들어보면 자신의 목소리나 발성을 객관적으로 볼 수 있다. 영상으로 녹화하는 것도 좋다.

경청과 공감이 우선이다

사람들과 의사소통을 잘하려면 말을 잘해야 합니다. 그런데 여기서 말을 잘한다는 것은 혼자 잘 떠든다는 의미가 아닙니다. 다른 사람의 말을 잘 들어주고 공감해 주는 것이 말하기의 기본이자 핵심입니다. 우리 아이들에게도 말하기 훈련에 앞서 이것을 가르쳐야 합니다.

먼저 경청을 잘하려면 어떻게 해야 할까요? 경청은 쉬워 보이지만 막상 잘하는 사람은 많지 않습니다. 내가 고민이 있어서 내 딴에는 심각한 이야기를 좀 하려고 해도 건성으로 듣고 스마트폰만 쳐다보는 친구나 가족이 있지 않습니까? 이런 사람에게는 무슨 일이 있어도 다시 얘기하고 싶지 않죠. 이러면서 소통이 단절되는 겁니다.

잘 듣기가 어려운 이유가 뭘까요? 듣기는 그냥 가만히 있으면 될 것 같지만 의외로 체력이 많이 필요합니다. 잘 들으려면 집중해야 하고 인내심도 필요하거든요. 아이들은 아직 말을 조리 있게 하지 못할 수도 있고, 명료하게 말하지 못할 수도 있습니다. 횡설수설하거나 서론만 긴 이야기를 듣기는 쉬운 일이 아닙니다. 중간에 말을 자르고 들어가고 싶은 충동도 생기고요. 이런 걸 참고 끝까지 들어서 상대방이 무슨 말을 하고 싶은 건지 파악하려면 대단한 집중력과 인내심이 필요합니다.

또한 공감 능력이 없으면 열심히 들어도 진정성 있는 반응을 보이기가 어렵습니다. 또한 상대가 전문적인 지식이 풍부한 사람이라면 나도 어휘력이나 지식이 좀 있어야 잘 들을 수 있습니다. 언어나 지식 수준이 다른 사람들이 깊은 대화를 하기는 쉽지 않기 때문이죠. 이렇게 얘기하니 듣는다는 게 정말 쉬운 일이 아니라는 걸 알 수 있죠.

어른도 힘든데 아이들에게는 경청이 더욱 힘듭니다. 하지만 다른 사람과 의사소통하고 본인의 말도 잘하기 위해서는 경청이 기본 자세입니다. 듣기 능력이 있어야 다른 사람의 말을 이해할 수 있고 기억도 잘할 수 있습니다. 듣는 습관이 배어 있는 아이는 집중력도 높습니다. 이런 아이는 수업을 들어도 잘 이해하고 기억할 수 있기 때문에 성적 향상에도 효과가 좋습니다.

그럼 어떻게 해야 아이에게 경청하는 습관을 들일 수 있을까요? 앞에서 강조했듯 부모가 먼저 아이 말을 경청하고 공감해 주면 아이는 부모를 보고 배웁니다. 다른 모든 것이 그렇듯, 부모가 솔선수범해야 합니다. 아이가 말을 할 때 눈을 맞추고 리액션을 해서 주의 깊게 듣고 있다는 것을 알려주는 겁니다. 그리고 아이의 말을 끊거나 대신 해주지 마세요. 특히 아이가 아직 말하는 게 서툴고 느리면 부모는 답답한 나머지 말을 가로채서 먼저 해버리는 경우가 있죠. 예를 들어 조부모와 아이가 통화를 하는데 조부모가 "밥 먹었니? 뭐 먹었어?"라고 물어봤습니다. 그러면 아이는 "먹었어. 어… 뭐 먹었냐 하면…"이라고 더듬을 수 있어요. 이때 부모가 얼른 나서서 "고기 먹었어요, 해."라고 먼저 말해버리는 경우가 있어요. 그리고 아이가 "할머니 있잖아, 어, 나 오늘, 어."라고 뭔가를 말하고 싶어 하는데 부모가 "할머니, 사랑해요, 해."라고 말해주기도 해요. 하지만 이렇게 말을 끊고 정답을 알려주기보다는 시간이 좀 걸리더라도 스스로 문장을 구성하는 연습을 하게 해주는 게 좋습니다. 또는 아이가 횡설수설, 중언부언하거나 상상 속 이야기를 할 수도 있어요. 그렇다 해도 아이가 말하는 도중에 끼어들지 마세요. 그런 방해를 자주 받으면 아이가 말을 할 때 불안해할 수 있고, 그러면 다른 사람들과 대화하는 데 어려움을 느낄 수 있습니다.

또한 아이에게 공감받는 경험을 하게 해주세요. 그래야만 아이도 다른 사람의 감정에 공감할 수 있고 자기 마음도 표현할 수 있습니다. 특히 아이가 화를 내거나 짜증을 내면 일단 혼을 내고 보는 부모가 있는데 이런 부정적인 감정에도 충분히 공감해 줘야 합니다.

아이와 대화를 잘하기 위한 6가지 기술

부모는 누구나 아이와 대화를 잘하고 싶고 소통하고 싶어 합니다. 마음은 굴뚝 같은데 왜 그런지 잘 되지 않는다는 부모가 적지 않습니다. 아이에게 말을 걸어도 아이가 단답형으로 대답해서 대화가 이어지지 않는다든가, 심지어 잔소리만 하게 된다는 부모도 있습니다. 왜 그럴까요? 부모의 말과 태도에 문제가 있을 가능성이 큽니다. 다음 사항들은 아이와 효과적으로 대화하기 위한 필요조건에 불과할 뿐 충분조건은 아닙니다. 이것조차 제대로 숙지되지 않으면 그다음 단계로 나아가기 어려워진다는 점에서 이것만은 항상 기억해 두고 체득하도록 노력했으면 합니다.

1

웃는 얼굴, 밝은 모습을 만든다

아이가 마음의 벽을 허물고 부모에게 뭐든지 얘기할 수 있으려면 먼저 부모가 웃는 낯이어야 합니다. 인상을 잔뜩 쓰고 있는 부모에게 어떤 아이가 말을 걸 수 있겠습니까. 부모가 괴로워한다는 걸 아이도 알거든요. 그러면 자꾸 눈치를 보게 되고, 이 습관이 밖에 나가서도 이어져 남의 눈치를 많이 보고 말하기 힘들어할 수 있습니다. 스피치를 할 때도 마찬가지입니다. 연사가 엄숙하고 무겁게 말을 여는 경우 대부분 너무 긴장하기 때문이에요. 이들 중 상당수는 커뮤니케이션의 초보자로 봐도 틀리지 않습니다. 반면 유머나 미소로 말을 시작하는 연사는 프로라고 할 수 있죠.

감정적 언어, 절제되지 않은 말은 피한다

우리나라 부모들은 자식을 소유물이라고 생각하고 자식들에게 말을 막 하는 경향이 있습니다. 아이가 다치거나 했을 때 걱정되는 마음에 화부터 내고 보는 부모도 있죠. 그러나 '내 자식이니까 알아주겠지.' 하는 생각은 위험합니다. 다소 과장해서 말할 수는 있지만 감정이 격해질 때는 조심해야 합니다. 욕설은 물론이고 격한 표현이나 정제되지 않은 단어를 사용하면 두고두고 아이 마음에 깊은 상처를 남기게 됩니다. 스스로 감정 조절을 어떻게 해야 할지 항상 염두에 두고 아이와 마주해야 합니다.

3

경청하는 사람(Good Listener)이 되라

이 점에 대해서는 아무리 강조해도 지나치지 않습니다. 아이의 성격이 형성되는 시기에 표현력과 자신감은 매우 중요합니다. 아이의 자기주장이 어설프거나 뻔하더라도 아이의 입을 막지 마세요. 가만히 듣기만 하는 것으로는 부족합니다. 적극적으로 호응해 주세요. 아이가 무언가 이야기를 시도하면 맞장구치면서 대화를 유도하고 일상에서도 아이가 좋아하는 방식으로 대화를 시도하세요. 적극적으로 질문하면 아이의 구체적인 답변을 유도할 수 있습니다. 부모의 관심과 질문이 있어야 아이가 부족한 설명을 보충하려고 노력하게 됩니다.

경청은 쉽지 않습니다. 인내심과 집중력을 요구하므로 부모가 육체적, 정신적으로 건강해야 합니다. 자신의 말만 하고 듣는 데는 익숙하지 않은 사람은 커뮤니케이션의 원칙을 지키지 않는 것입니다. 아이가 무리한 요구를 할 때도 미리 '안 된다.'고 못 박지 말고 충분히 경청한 후 아이와 함께 하나씩 따져가며 동의를 유도합시다. 잘 듣는 것만으로도 아이에게서 좋은 점수를 딸 수 있다는 점을 기억하기 바랍니다.

4

아이가 들을 준비가 됐을 때 말한다

부모가 아이에게 뭔가를 말해야 할 때도 있을 텐데요. 집
중력 없는 대화는 생산적이지 못합니다. 주위가 어수선하
거나 아이가 뭔가에 정신이 팔려서 들을 준비가 되지 않
은 상태에서 말하는 것은 비효율적입니다. 또한 아이가
지쳐 있거나 배가 고픈 상황이라면 무슨 말이 귀에 들어
오겠습니까. 특히 중요한 이야기를 할 때는 기본적 욕구
를 먼저 해소시킨 다음 커뮤니케이션을 시작해야 합니다.
그렇지 않을 경우 오히려 역효과가 나는 수도 있습니다.

5

눈을 보며 대화한다

얼굴을 제대로 보지 않고 대화한다면 아무리 좋은 말을
해도 아이 마음에 가닿기는 힘듭니다. 말을 하면서도 아
이의 움직임과 반응 태도를 면밀히 관찰해야 합니다. 특
히 눈은 심리 반응을 읽을 수 있는 창이라고 했습니다. 아
이와 눈을 맞추고 길게 말을 해야 할지, 짧게 줄여야 할지,
웃어야 할지 혹은 큰 소리로 말해야 할지 파악하는 게 좋
습니다.

6

대화하기 좋은 시간과 장소를 고려한다

아이와 대화가 잘되지 않는다면 조용히 집중해서 대화할 수 있는 시간과 장소를 찾아보는 걸 추천합니다. 이곳에서의 히트곡이 다른 곳에서 소음으로 전락할 수 있습니다. 커뮤니케이션도 장소와 시간에 따라 변할 수 있어요. 아이가 편안함을 느낄 때와 장소를 선정해서 대화를 시작해 보세요. 집 안에서 대화에 실패했다면 집 앞 카페로 나가보거나 둘만 있는 조용한 차 안에서 시도해 보세요.

발표에서 논술까지,
실전 말하기 훈련

CHAPTER 3

"

독서하는
아이가 말도 잘한다

"

발표에서 논술까지, 실전 말하기 훈련

독서 습관이 성공하는 습관이다

독서하는 습관은 곧 성공하는 습관입니다. 제 경험상 40대가 되면 스스로 배우기를 멈추는 사람이 많더군요. 사회에서 어느 정도 자리를 잡았고 "공부도 때가 있다."는 말을 습관처럼 하면서 "이 나이에 뭘 해."라고 말하며 술이나 마시고 현상 유지만을 바랍니다. 그런데 현상 유지를 바라는 사람은 현상 유지는커녕 더 떨어질 가능성이 큽니다. 반면 40대부터 자기계발을 하고 더 열심히 공부하는 사람도 있어요. 이런 사람은 더욱 승승장구하게 됩니다.

40대에도 발전하려고 노력하는 사람과 하지 않는 사람, 두 유형을 가르는 게 바로 독서입니다. 적어도 제 주변에는 소위 잘나간다는 사람 중에 독서하지 않는 사람이 없습니다. 겉으로 드러나지 않더라도 뒤에는 분명 독서하는 습관이 있더라고요. 일에서의 성공뿐 아니라 재테크를 잘하는 친구들도 책을 많이 읽습니다. 꼭 경제경영서뿐 아니라 인문, 사회, 과학 등 아주 폭넓은 독서를 해요. 그럼으로써 세상이 어떻게 돌아가고 어디로 향할 것인지 예측하는 힘이 강해지고, 그렇기 때문에 기회가 왔을 때 놓치지 않습니다.

저는 비행기를 탈 때 비즈니스석을 타기도 하고 이코노미석을 탈 때도 있습니다. 두 좌석을 왔다 갔다 하다 보니 눈에 띄는 특징이 있더라고요. 장시간 비행하는 동안 사람들이 뭘 하는지 봤더니 이코

노미석에 앉은 사람들은 주로 영화를 보거나 게임을 하더군요. 그런데 비즈니스석에 탔을 때 살펴보면 노트북으로 일을 하거나 독서를 하는 사람이 눈에 더 많이 띄어요. 물론 비즈니스석에서도 게임을 하거나 영화를 보는 사람도 있지만 좌석 수가 적은 것에 비해 책을 읽는 사람이 많다고 느낍니다. 여러분도 두 좌석을 다 탈 기회가 있다면 한번 관찰해 보기 바랍니다.

제가 성급한 일반화를 하는 게 아닐까 했는데 저와 똑같이 느낀 사람이 있더라고요. 김승호의 《생각의 비밀》을 보니 "장거리 비행 시에 일반석 승객들은 대부분 영화를 즐기지만 비즈니스석 승객들은 일을 하거나 두툼한 책을 읽는다."라고 합니다. 작가는 이런 말도 덧붙였습니다. "성공한 사람들의 가장 일반적인 습관은 독서다. 무려 88% 이상이 하루 30분 이상 독서를 즐긴다. 반면 가난한 사람들은 2%만이 독서를 즐긴다."

물론 먹고살기 바빠서 독서할 여력이 없을 수도 있습니다. 하지만 독서만큼 돈이 적게 들고 시간을 잘 활용할 수 있는 자기계발 수단도 없습니다. 꼭 사지 않아도 됩니다. 빌릴 수도 있고 언제 어디서든 자투리 시간에 틈틈이 펼칠 수 있는 게 책입니다.

꼭 성공을 위해서만이 아니라 독서는 인생을 풍요롭게 만들기 위해서도 필요합니다. 주변을 둘러봐도 독서하는 사람은 잡담 속에서도 지적 능력을 느낄 수 있습니다. 그런 사람 주변에는 사람들이 모입니다. 익자삼우(益者三友)라는 말이 있죠. 사귀면 자신에게 도움이 되는 세 가지 벗을 일컫는 말입니다. 그 세 가지란 정직한 사람, 믿을 수 있는 사람, 지식이 있는 사람을 뜻합니다. 저는 여기에다 '독서하는 사람'도 넣어야 한다고 생각합니다.

그런데 자녀 교육은커녕 스스로도 교육이 안 되는 부모도 많습니다. 부모는 책을 안 보는데 자식에게만 책을 보라고 강요하는 것만큼 모순적인 게 없습니다. 아이들도 다 알아요. 엄마 아빠는 책 한번 안 보면서 자신에게만 강요한다고 속으로 원망하고 무시합니다. 아이는 부모가 하는 말은 안 들어도 부모가 하는 행동을 보고 따라 합니다. 사실 어른이 되어 갑자기 독서 습관을 붙인다는 게 쉽지 않습니다. 부모 여러분이 더욱 잘 알 거예요. 그래도 아이들 앞에서는 책 읽는 척이라도 했으면 좋겠습니다.

우리 아이가 나보다 더 성공적인 삶을 살길 원한다면 아이가 어릴 때 독서 습관을 길러줘야 합니다. 초등학교 때가 가장 중요해요. 이때 독서 습관을 길러주면 평생 성공하는 습관이 됩니다. 이것만 해도 부모가 할 일을 다 했다고 생각해요. "독서만큼 좋은 스승이 없다." 거나 "책 속에 길이 있다."는 옛말이 괜히 나온 게 아닙니다. 부모보다 뛰어난 스승이 책이므로 아이에게 최고의 스승을 만들어준 것이고, 그 스승이 곁에 있으니 앞으로 살아가는 데 걱정이 없을 겁니다.

어휘력은 학업으로 직결된다

그럼 말하기와 독서 사이에는 무슨 상관이 있는 걸까요? 책을 읽는 것과 말하는 것은 별개라고 생각할지 모르겠지만 앞서 강조했듯 말하기는 듣기뿐 아니라 읽기와도 연결되어 있습니다. 사실 말하기에서 독서의 중요성은 아무리 강조해도 지나치지 않습니다.

우선 말을 잘하기 위해 필요한 능력을 생각해 봅시다. 기본적으로 두 가지 능력이 필요합니다.

첫 번째는 어휘력입니다. 너무나 당연한 말이죠. 어휘력이란 단어를 읽고 쓰고 의미를 아는 것뿐 아니라 그것을 적절히 사용할 수 있는 능력까지 포함합니다. 우리가 영어 같은 외국어를 공부할 때 단어는 많이 외웠는데 이 단어를 어떤 상황에서 어떤 문장에 써야 적절한지 모르는 경우가 많아요. 모국어는 잘 안다고 생각하지만 국어에서도 어휘력이 부족한 학생이 많습니다. 예를 들어 뭔가를 하기 어려운 상황에서 쓸 수 있는 유의어가 많습니다. 어렵다, 까다롭다, 고되다, 괴롭다, 거북하다, 두렵다 등. 여기서 상황을 가장 잘 표현할 수 있는 단어를 골라서 사용할 수 있는 능력을 길러야 합니다. 그래야 말뿐 아니라 글도 잘 쓸 수 있죠.

어휘력은 학업과도 직결되는 문제입니다. 우선 어휘력이 부족하면 글을 읽는 게 힘들어요. 그러면 독서를 싫어하게 되고 어휘력이 떨어지니 교과서도 읽기 힘들어합니다. 이런 아이가 공부를 잘할 리가 없겠죠. 무엇보다 시험을 잘 보기가 힘들어요. 지문이 많은 국어나 영어, 사회는 물론이고 수학이나 과학 시험에서도 어휘력은 중요합니다. 일단 수학이나 과학 원리도 언어로 설명하니까요. "질문에 답이 있다."는 말을 많이 하죠. 문제를 제대로 이해해야 답을 맞힐 수 있는데 그게 잘 안 되면 문제를 여러 번 읽어서 시간 낭비를 하거나 알고 있는 문제도 틀리는 일이 발생합니다.

두 번째는 논리력입니다. 횡설수설하는 사람을 말을 잘한다고 하지는 않죠. 자신의 생각을 이치에 맞게 말이나 글로 잘 표현해 내는 능력이 바로 논리력입니다. 그런데 글은 써놓고 고치면 되지만 말은 한번 뱉으면 수정할 수 없기 때문에 논리적으로 말하기 위해서는 훈련이 필요합니다.

어휘력과 논리력을 키우는 데 가장 좋은 것이 바로 독서입니다. 독서는 말 잘하는 조건의 90% 이상을 차지합니다. 말하기의 기본이 되는 어휘와 문장과 정보와 지식이 모두 책 속에 담겨 있기 때문입니다.

교수로 재직하던 때 매년 고3 수시면접을 했습니다. 면접을 해 보면 아이가 자기 말을 하는지, 남이 써준 말을 읊기만 하는지 한눈에 파악할 수 있습니다. 자기표현을 제대로 하는 아이들이 있고 안 되는 아이들이 있어요. 또한 말을 시켜보면 그 학생이 가진 어휘력이 보입니다. 풍부한 단어를 사용하는 학생에게 취미가 뭐냐고 물어보면 독서라고 답하는 경우가 많습니다. 어휘력이나 논리력이나 표현력이 형편없는 학생들은 대학교에 들어가도 학업을 따라가는 데 어려움을 겪게 됩니다.

독서를 하면 어휘력이 늘고 문장의 구조와 논리를 이해하는 능력이 생기기 때문에 말 또한 논리적으로 할 수 있게 됩니다. 쉽게 말해 머릿속에 든 게 있어야 그게 말로 나오는 겁니다. 독서는 인풋(input), 말은 아웃풋(output)이라고 할 수 있죠. 독서의 힘은 대화 속에서 자연스럽게 드러납니다.

소설이나 수필 등 문학작품에는 뛰어난 표현이 많아서 멋진 표현까지도 배울 수 있습니다. 요즘 아이들은 워낙에 영상 세대이긴 하지만 기초 지식이나 전문 지식은 책을 통해서 얻을 수 있습니다. 또한 독서를 하면 상식과 지식이 풍부해져요. 상식과 지식이 없으면 글도 잘 쓸 수가 없습니다. 이런 지식이 바로 지혜로 연결됩니다.

지식과 지혜는 어떻게 다를까요? 지식과 지혜가 멀리 떨어진 게 아닙니다. 지식이 오랜 시간에 걸쳐 발전하고 여러 세대에 걸쳐 검증된 것이 바로 지혜라고 할 수 있습니다. 물론 지식은 별로 없지만 살아온 경험이 많아 지혜로운 사람도 있습니다. 하지만 사람이 직접 경험하는 데는 한계가 있기에 짧은 시간에 많은 간접경험을 독서로 하면서 지식을 쌓고, 그 과정에서 지혜를 얻을 수 있습니다.

대통령 연설 비서관이었던 강원국 작가의 《강원국의 글쓰기》를 보면 지식과 지성 그리고 지혜를 비교한 예문이 나옵니다. "지식은 남이 깨우친 것이고, 지성은 내가 깨우친 것이며, 지혜는 경험이 깨우친 것이다." "지식은 아는 것이고, 지성은 아는 것을 사용하는 것이며, 지혜는 스스로 아는 것이다."

지식은 두뇌로 암기하는 것이고 지혜는 체득하는 것입니다. 그러므로 우리 아이들이 첫 번째 할 일은 독서나 강의 혹은 다양한 경험을 통해 지식을 쌓는 것입니다. 또한 강연이나 책을 보면서 배운 걸 내 것으로 만들면 지혜가 됩니다.

그런데 많은 부모가 지식에만 몰두하는 경향이 있습니다. 하지만 아이들이 살아갈 시대에는 인공지능이 인간보다 훨씬 빨리 많은 지식을 가질 거예요. 인간의 가치는 지식 그 자체보다는 지식을 기반으로 한 지혜에서 나오는 법입니다.

더 많은 것을 외우고 지식을 많이 가지는 것에만 집중한다면 그것을 잘 사용하는 지성도 발휘할 수 없고 지식을 기반으로 깨우치는 지혜도 가지기 힘듭니다. 이런 사람은 말을 잘할 수도 없습니다. 외운 것을 그대로 말하는 AI 스피커 정도밖에 안 되는 거죠. 따라서 독서를 하는 데서 끝나는 것이 아니라 이것을 자신만의 것으로 만드는 과정이 필요합니다.

그런데 어릴 때 독서를 안 한다고 해서 실망할 필요는 없어요.

아이마다 특성이 다르다 보니 어떤 아이는 책보다 춤을 좋아할 수도 있고, 글보다 그림을 좋아할 수도 있어요. 그런 아이들에게 독서하라고 강요하면 더 거부감을 느낍니다. 좋아하는 걸 하게 하면서 그것과 관련된 책을 살짝 권해보세요. 춤에 흥미를 느끼고 좋아하면 춤과 관련된 책을 보여주는 거죠. 그것을 정말 좋아하고 푹 빠질 정도가 되면 아이도 관련된 건 뭐든지 보려고 할 겁니다.

베갯머리에서 시작하는 독서 교육

세계에서 독서를 가장 많이 하는 민족이라는 유대인의 독서 교육은 유명합니다. 《탈무드》에는 "돈을 빌려주는 건 거절해도 책을 빌려주는 건 거절하면 안 된다."는 말이 있을 정도죠. 아이가 자기 전에 꼭 동화책 등을 읽어주는 건 물론이고 《탈무드》를 읽고 토론을 하는 하브루타가 일상적입니다. 이렇게 어릴 때부터 독서 토론을 하면 입시 논술에도 큰 도움이 됩니다.

아이가 말을 하기 전부터 독서 교육을 시작해야 합니다. 아이를 재울 때 이야기를 해주거나 동화책을 읽어주세요. 말도 못 하는 아이에게 무슨 책이냐고요? 처음부터 책을 들이밀라는 뜻이 아닙니다. 아이가 어릴 때는 그림책 한두 장으로 충분해요. 아이의 흥미를 유도

하는 것이 중요합니다. 말 못 하는 아기라도 어떤 것을 보여줬을 때 반응을 보일 테니, 그 반응을 관찰하세요. 부모가 보여주고 싶은 책을 일방적으로 보여주는 게 아니라 아이에게 다양한 것을 들이밀어 보면서 아이가 흥미를 보이는 걸 찾는 겁니다. 그런 다음 아이의 흥밋거리를 지속적으로 제공해 주는 거예요.

글을 읽지 못하는 아기도 그림책을 주면 뒤적거리죠. 그러다가 관심이 가는 그림은 오래 들여다보기도 합니다. 그렇게 아이를 관찰해서 관심 있어 하는 책을 보여주세요. 로봇을 좋아하는 아이에게는 로봇 그림이 있는 동화책을, 공룡을 좋아하는 아이에게는 공룡에 관한 그림책을 보여주는 거죠. 그림만 봐도 되고 그림과 함께 있는 간단한 글을 읽어줘도 됩니다. 자신이 좋아하는 것을 보고 들으며 아이는 행복하고 즐겁게 잠들 것입니다. 꼭 책이 아닐 수도 있습니다. 노랫말이 있는 음악도 좋은 도구예요. 노랫말 또한 이야기니까요.

이런 부모의 노력은 장기적으로 아이의 말하기 능력을 키워줄 뿐 아니라 아이와의 유대감을 키우는 데도 큰 역할을 합니다. 아이는 10대가 되고 성인이 되어도 어릴 적 부모가 베갯머리에서 이야기를 들려주던 감미로운 음성과 따뜻하고 행복한 분위기를 기억할 거예요.

그런데 이런 고민을 토로하는 부모도 있습니다.

"아이가 책은 안 보고 유튜브만 보려고 해요."

요즘은 아이들이 어릴 때부터 유튜브를 보면서 자랍니다. 부모들은 걱정이 많죠. 그런데 유튜브에는 교육적인 내용도 많습니다. 유해한 영상은 차단해 주고 교육적인 영상을 보게 지도해 주면 됩니다. 그러려면 부모가 함께 봐야 합니다. 아이가 칭얼대거나 부모가 다른 일을 하려고 아이 혼자 유튜브를 보게 장시간 방치해 놓지 말고 함께 보세요. 이것도 또한 말하기 학습에 좋은 수단이 될 수 있습니다.

물론 책만 무작정 많이 읽는다고 해서 반드시 말을 잘하는 건 아닙니다. 무조건 여러 권의 책을 건성으로 읽고, 그 책에 대해 물어보면 줄거리도 말하지 못하고 자신의 감상을 말하지도 못한다면 그것은 죽은 독서법입니다. 아이가 책에 흥미를 가지고 독서하는 습관을 갖게 되었다면 이제부터는 좀 더 업그레이드할 차례입니다. 책을 읽고 소화해서 자기 것으로 만들고, 그것을 다시 말과 글로 표현하는 연습을 해야 합니다. 읽었으면 그 내용을 요약해 메모하고 말로 설명해 보는 과정이 필요합니다. 구체적인 방법을 지금부터 소개하겠습니다.

어린이 추천 도서

국립어린이청소년도서관 사서들이 추천하는 2022년 어린이 추천 도서 중 일부입니다. 국립어린이청소년도서관 웹사이트(nlcy.go.kr)에 들어가면 더 많은 추천 도서를 볼 수 있습니다.

코끼리 놀이터

서석영 글/주리 그림/안선재 역 | 바우솔 | 2022년

산책을 나온 노란 병아리들이 거대한 코끼리를 회색 바위, 재미난 놀이터로 생각하고 미끄럼도 타고, 오줌도 싸고, 낮잠까지 즐긴다. 병아리들은 끝까지 바위가 코끼리인지 모르지만, 책을 읽는 어린이들은 아마 금방 눈치를 챌 것이다.

(미세미세한 맛) 플라수프

김지형·조은수 글/김지형 그림 | 두 마리토끼책 | 2022년

2022년 볼로냐 올해의 일러스트레이터 수상작인 그림책으로 미세플라스틱에 대한 이야기를 아이들이 이해하기 쉽도록 시각적인 이미지로 표현했다.

그래도 꼭 해 볼 거야!

킴 힐야드 글·그림/장미란 옮김 | 책읽는곰 | 2022년

세인즈버리 아동 도서상을 수상한 그림책으로 작은 파리를 주인공으로 등장시켜 산꼭대기까지 걸어 올라간다는, 어찌 보면 허무맹랑한 계획을 이루는 과정을 보여줌으로써 무슨 일이든 '할 수 있다'라는 자신감과 용기를 북돋아준다.

눈아이 : 안녕달 그림책

안녕달 지음 | 창비 | 2021년

하굣길에 눈이 소복이 쌓인 들판에서 아이는 눈아이에게 팔다리와 눈, 입, 귀를 만들어준다. 아이는 눈아이와 눈빵을 먹고 썰매를 타는 등 즐거운 시간을 보낸다. 날씨가 따뜻해지면서 눈아이는 점점 작아지고 더러워진다. 숨바꼭질을 하자는 눈아이의 제안에 아이는 술래가 되지만 눈아이를 찾지 못한다. 이듬해 겨울, 아이는 등굣길에서 환하게 미소 짓는 눈아이를 다시 만난다.

단톡방을 나갔습니다

신은영 글/히쩌미 그림 | 소원나무 | 2022년

새 학기 첫날, 반에 아는 친구가 없던 초록이는 삼총사인 새리, 지애, 하린이가 말을 걸어주고, 아픈 새리를 초록이가 보건실에 데려다주며 친해진다. 단톡방에서 일상을 나누고 서로의 감정을 공유하면서 우정을 쌓아가고 있던 중, 모둠 발표를 도맡아 하던 새리가 자신이 아닌 지애가 발표를 하게 되자 지애에 대해 나쁜 이야기를 하면서 이들의 사이는 조금씩 어긋나기 시작한다.

미움을 파는 고슴도치

슬라비 스토에프 글/마테야 아르코바 그림/김경연 옮김 | 다봄 | 2021년

우리 주변에서 미움을 파는 고슴도치 같은 것을 쉽게 만날 수 있다. 검증되지 않은 수많은 이야기를 친구에게 듣기도 하고, 인터넷에서 보기도 한다. 하지만 미움을 산 숲속 동물들이 어떤 결말을 맞는지 보며, '미움을 파는 고슴도치'가 나타나도 늘 경계하라는 메시지를 전한다.

마음안경점

조시온 글/이소영 옮김 | 씨드북 | 2021년

외모 콤플렉스로 자존감이 낮은 아이가 신기한 마음안경점에서 자신에게 꼭 맞는 새 안경을 맞추고 세상은 눈이 아닌 마음으로 보는 것을 깨닫게 되는 책이다.

향기를 만드는 말의 정원

김주현 글/모예진 그림 | 노란상상 | 2021년

나쁜 말을 일삼는 준수에게 어느 날 수상한 아저씨가 나타나 준수의 '나쁜 말 냄새'를 수집하며 이야기가 시작된다. 이야기가 흥미롭고 예상치 못한 뭉클한 부분도 있어서 감동적이기도 하다.

초등학교 고학년을 위한 추천 도서

엄마가 필요한 시간

조성자 글/박현주 그림 | Mirae N 아이세움 | 2021년

호재 엄마는 조금 예민했던 호재를 키우기 위해 직장까지 관둔 천사표 엄마. 하지만 동생 호야를 낳고 나서 산후우울증으로 완전히 다른 사람으로 변하고, 호재는 엄마에게 큰 상처를 받게 된다. 아이의 마음뿐만 아니라 엄마의 마음도 함께 이해하고 위로해 주는 책이다.

악당이 된 녀석들

정설아 글/박지애 그림 | 다른매듭 | 2022년

'유해 외래종도 할 말은 있다'는 부제를 가지고 있다. 유해 외래종이 사람과 자연에 피해를 주게 된 사연을 읽다 보면 생태계 질서가 왜 중요한지, 우리는 어떤 노력을 해야 하는지 생각해 보게 된다.

아주 크고 빠른 배

데이비드 맥컬레이 글·그림/이한음 옮김 | 아울북 | 2021년

1957년 열 살 어린이 데이비드의 가족이 영국에서 미국으로 증기선을 타고 이주하는 이야기로 시작한다. 작가의 자전적 경험을 통해 증기기관의 발명과 원리, 증기선의 제조 과정 등 조금은 어려울 수 있는 과학 정보를 수월하게 풀어낸다.

꽃 아주머니와 비밀의 방 : 색다르게 그림을 보는 법

김지선 글/이해정 그림 | 시금치 | 2021년

유명한 명화들을 동화로 풀어낸 미술 교양서. 누구나 한번쯤 느꼈을 그림 감상에 대한 어려움을 색다르게 그림을 보는 법이란 주제로 쉽고 재밌게 풀어낸다. 딱딱할 수 있는 예술 주제 책과는 다른 이야기 형식으로 쉽고 재미있게 읽을 수 있는 책이다.

"

보고 들은 것을
기록하게 하자

"

발표에서 논술까지, 실전 말하기 훈련

말과 글은 밀접하게 연결되어 있다

　　글과 말은 직결돼 있습니다. 글쓰기를 생활화하는 사람은 말도 잘하는 것이 보편적입니다. 말을 못 하는 작가를 본 적 있습니까? 작가들은 일단 어휘력이 풍부하고 그것으로 이야기를 풀어내는 논리력과 구성력이 있거든요. 말을 잘하려면 글을 잘 써야 합니다. 글은 사고를 치밀하게 만들어줍니다. 말은 대충해도 되지만 글은 주부와 술부 등이 일치해야 하고 기승전결 등이 맞아야 합니다. 글이 정리되는 사람은 말도 쉽게 합니다. 남을 설득하거나 분노를 표출하는 글쓰기 등은 말하기의 바탕이 됩니다. 글을 잘 못 쓰면서 말만 잘한다면 그럴듯한 말로 남을 속이는 사기꾼밖에 더 되겠습니까. 진실하게 마음을 전하고 논리적으로 말하려면 글쓰기 훈련이 우선되어야 합니다.

　　말하기와 글쓰기 그리고 읽기는 연결되어 있기 때문에 통합적인 언어 교육이 필요합니다. 앞서 말하기 교육에 대해 설명했고 독서의 중요성도 강조했습니다. 그런데 가정에서 글쓰기 교육도 시킬 수 있을까요? 충분히 가능합니다.

　　요즘은 특히 자기소개서를 잘 쓰는 게 큰 경쟁력입니다. 대학 입학이나 취업뿐 아니라 특수 목적 고등학교나 자율형 사립 고등학교 진학을 위해서 자기소개서를 써야 하기 때문이죠. 자신의 장점과 개성을 표현하고 자신을 선택해 달라고 상대를 설득할 수 있으려면 어려서부터 글쓰기 연습이 필요합니다.

집에서 부모님이 과제를 내주는 걸 추천합니다. 학원 숙제도 있고 학교 과제도 있는데 부모가 또 무슨 과제를 내주느냐고 생각할지 모르겠습니다. 그런데 부모가 내주는 과제는 좀 달라야 합니다. 과제라기보다 게임처럼 해야 하고, 아이가 즉각적으로 기뻐할 수 있는 보상이 따라야 합니다. 게임에서 보상이 따르지 않으면 재미도 없고 게임이라고 할 수도 없잖아요. 어린아이에게 무조건 책을 보라고 잔소리를 해봤자 아이의 흥미를 유발하는 데 실패하면 죽은 교육입니다. 우리 부모들도 생각해 보면 보상을 배치하면서 살아가지 않습니까. 퇴근하면 맥주 한잔 시원하게 해야지, 이 바쁜 시기를 지나면 휴가가 있으니까, 여행 일정을 잡아놨으니까 하면서요. 아이들은 어른보다 참을성이 부족하니 적절한 보상을 설정해 주는 것이 필요합니다. 보상에 대해서는 뒤에서 더 자세하게 설명하겠습니다.

우선 어떤 과제를 주는가 궁금할 것입니다. 과제의 내용은 현재 아이가 배우는 학업의 범위를 넘지 않는 선에서 아이가 비교적 쉽게 할 수 있는 것이어야 합니다. 저는 두 가지를 추천합니다. 하나는 일기장을 쓰는 것이고, 다른 하나는 독서 노트를 쓰는 것입니다. 이것만 제대로 하면 자기소개서는 물론 논술도 걱정할 게 없습니다. 사고력과 논리력, 표현력이 길러지고 문장을 구성하는 능력을 키우게 되며, 글을 잘 쓰게 되면 말로 하는 스피치 능력도 함께 성장합니다.

초등학교부터 시작하는 일기 쓰기

아이가 글을 쓸 수 있게 되었을 때, 보통은 초등학교에 들어간 후가 될 텐데 그때부터 일기를 쓰게 하세요. 일기는 일단 글을 쓰는 것이다 보니까 문장력을 키우는 데 좋고 말을 잘하는 데도 큰 힘이 됩니다. 글이 되어야 말이 된다고 그랬잖아요. 말은 막 해도 되지만 글은 논리력이 없으면 전개가 안 됩니다. 논리력을 키우고 논리적 사고 방식을 가능하게 해주는 훈련은 일기에서 출발합니다.

일기를 쓰기 시작하는 초기에는 일기를 쓴 것 자체를 칭찬해 주세요. 이 시기에는 그것으로 충분합니다. 일기를 쓰는 게 어려운 일이 아니라 자연스러운 습관이 되게 하는 게 중요해요. 그러려면 너무 압박감을 주지 말고 느슨하게 지도하는 게 좋습니다. 일주일에 한 번, 혹은 한 달에 한 번 정도 쓰고 있다는 걸 확인만 하는 수준에서요.

저도 아이들이 초등학교 때부터 일기를 쓰게 했는데 딸아이는 그림 그리는 걸 좋아해서 그림일기를 썼어요. 어떤 방식이든 아이가 원하는 방식으로 쓰게 하고, 내용을 따지기보다 한다는 것 자체를 높이 평가해 주세요. 아이가 일기 쓰는 걸 공부나 숙제로 느끼지 않고 재미있다고 느껴야 습관이 됩니다.

아이가 영 일기 쓰는 걸 싫어한다면 용돈을 주거나 아이가 원하는 것으로 보상을 해주는 것도 좋다고 봅니다. 하지만 시작할 때 아이에게 '자기와의 약속'이라는 것을 강조하고 일주일에 몇 번을 쓸지 아이와 상의해서 결정하세요. 일기장 첫 장에 "나와의 약속 일주일에 두 번 쓰기"처럼 써놓게 합니다. 애초에 아이가 할 수 있는 만큼 스스로 정하게 했기 때문에 웬만하면 지킬 것입니다. 아이가 약속을 잘 지키면 앞서 말했듯 보상을 주는 것도 방법입니다. 저의 경우에는 일기 쓰기 싫어하는 아이에게는 특별 용돈으로 유인했어요. 짧게 쓰거나 해도 "이런 내용을 더 써보면 어떨까?"라고 제안은 하되 나무라지 않았고 오히려 잘 썼을 때 보상을 했습니다.

아마 초기에는 "오늘 장난감을 가지고 놀았다. 참 재미있었다." 정도로 끝날 가능성이 클 거예요. 당연합니다. 그러다 학년이 올라가고 어휘력이 늘면 좀 더 길고 다양한 내용을 쓰게 됩니다. 이런 '발전기'에는 일상의 이야기에 더해 잊을 수 없는 사건이나 놀이 혹은 친구들 이야기 등 좀 더 길게 쓰도록 유도해 보세요.

마지막으로 초등학교 고학년쯤 되면 일기 쓰기에서는 '성숙기'에 도달합니다. 이때부터는 한 가지 주제를 정해서 일기를 쓰는 테마형 글쓰기를 가르칩니다. 아이가 오늘 게임을 했다고 해봅시다.

"오늘 게임한 거 재미있었니?"

"네 재밌었어요."

"그럼 어떤 게임이었는지, 어떤 부분이 재미있었는지 한번 써볼까?"

만화영화나 유튜브 동영상을 봤더라도 마찬가지입니다. 어떤 내용의 영상이었는지, 어떤 부분이 재미있었고 혹은 재미없었는지 그 영상이라는 한 가지 주제를 가지고 일기를 써보는 겁니다. 그러면서 자연스럽게 필력을 기를 수 있어요.

이때 그 주제에 대한 아이 자신의 소감이나 배운 점도 덧붙이도록 합니다. 남의 생각이 아니라 자신의 생각을 글로 표현하는 연습이 됩니다. 이런 연습이 쌓이면 말로도 자기 의견을 분명하게 표현할 줄 알게 됩니다.

일기는 아이의 글쓰기 연습에 도움이 되고 이것이 말하기 능력으로 이어집니다. 그런데 일기의 이점은 학습 면에만 있는 게 아닙니다. 일기를 보면 아이의 재능이나 취미 등이 그대로 다 나타나요. '아 얘가 이런 데 관심이 있었구나.' '이런 데 상처를 받았구나.' 어떻게 보면 내 아이를 이해하는 데 최고의 정보가 일기에 다 담겨 있습니다. 부모는 아이를 알아야 하는데 말로는 다 알 수 없는 것을 일기를 통해 알 수 있습니다. 또한 일기는 아이와 함께했던 추억의 산실이 되기도 합니다. 이게 나이가 들수록 빛이 나는데요. 아이들의 추억이 일기에 고스란히 담겨 있으니까 아이도 그걸 보고 '내가 이렇게 엄마한테 사랑을 많이 받았구나.' 아니면 '삼촌이 이렇게 나에게 용돈도 줬구나.' 하는 걸 느끼게 되죠. 그런 것들이 다 추억이 되고 아이에게 심리적 안정감을 줍니다.

읽은 것, 본 것을 정리하는 독서 노트

초등학교 고학년이 되면 일기 외에 독서 노트를 만들 것을 제안합니다. 말 그대로 독서한 내용을 기록하는 것인데, 요즘은 영상을 많이 보니 영상까지 포함해도 됩니다. 이게 별거 아닌 것 같아도 쌓이면 아이의 지식과 언어능력을 쌓는 데 큰 도움이 됩니다. 한 2, 3년만 해보세요. 이것을 하지 않은 아이와 해온 아이의 언어능력은 굉장히 큽니다.

독서 노트를 어떻게 만드느냐 하면, 아이들이 마음에 들어 하는 노트를 골라서 쓰면 되는데 반드시 세 가지 항목을 포함합니다. 누가 썼는가, 제목이 무엇인가, 그다음 줄거리 위주로 정리합니다. 그리고 줄거리에는 4W라고 하는 건데요. 먼저 who(누가), 누가 나오는가. where(어디), 어디에서 벌어지는 일인가. what(무엇을), 무슨 일이 벌어지는가. when(언제), 시대적 배경이 언제인가. 세로줄을 그어서 항목을 만들어도 되고 자유롭게 써도 됩니다. 예를 들어봅시다. 황순원의 단편소설 《소나기》를 읽었다면 독서 노트에 이렇게 쓸 수 있습니다.

WHO   **누가 등장하는가**
윤 초시댁 증손녀와 시골 소년.
WHERE **어디서 벌어진 일인가**
시골 마을에서 벌어지는 이야기.

WHEN	언제 일어난 일인가
	1953년에 발표된 소설이므로 1940~1950년대로 추정됨.
WHAT	무슨 일이 일어났는가
	시골 초등학교로 전학 온 윤 초시댁 증손녀와 시골 남학생의 순수한 사랑을 담은 소설이다. 징검다리에서 마주친 소년에게 소녀는 조약돌을 던지며 관심을 표한다. 둘은 가까워져서 함께 산에 갔다가 소나기가 내리자 원두막에 들어가 비를 피한다. 그 후 오랜만에 나타난 소녀는 소나기를 맞아 아팠다며 이사를 간다고 말한다. 얼마 후 소년은 아버지의 말을 통해 소녀가 죽었다는 걸 전해 듣는다. 소녀가 죽기 전에 자기가 입던 옷을 그대로 입혀서 묻어달라고 했다는 말과 함께.

순서는 상관없지만 이 네 항목을 꼭 쓰도록 합니다. 여기서 추가하면 좋은 것이 있습니다. 책을 읽다 보면 아이가 모르는 단어가 나올 수 있습니다. 예를 들어 이 소설에서 '초시'라는 단어가 낯설지 않습니까? 그러면 국어사전을 찾아보고 그 뜻을 함께 적어둡니다. 국어사전을 보면 초시는 '과거의 첫 시험'을 말하고 '한문을 좀 아는 유식한 양반'이라는 뜻도 있죠. 위의 네 항목을 적고 아래에는 모르는 단어와 뜻도 정리를 해두면 좋습니다. 이렇게 하면 단어장과 같은 역할도 할 수 있죠.

단어를 정리하는 것에서 더 나아갈 수도 있습니다. 아이가 '증손녀'가 뭔지 모를 수 있어요. 그러면 증손녀의 뜻을 적는 것에 더해 가

180

족 관계와 호칭을 함께 정리해 볼 수 있겠죠. 이처럼 하나의 이야기를 읽고 지식을 확장해 나갈 수 있습니다.

다만 새로운 단어가 너무 많이 나오면 아이가 버겁고 질려버릴 수 있으니 열 개가 넘어가지 않도록 해야 합니다. 아이가 초등학교 저학년이라면 가급적 쉬운 동화로 시작해서 새로운 단어는 다섯 개 이내로 정리하는 게 좋습니다.

유튜브에서 영상을 볼 때도 마찬가지입니다. 유튜브에 '8천 킬로미터를 헤엄쳐 할아버지를 보러 오는 펭귄'이라는 영상이 있어요. 영국 일간지 〈메트로〉에 보도되어서 유명한 이야기죠. 이 이야기를 가지고 독서 노트를 써봅니다.

WHO	누가 등장하는가
	할아버지와 펭귄.
WHERE	어디서 벌어진 일인가
	브라질의 한 어촌 마을.
WHEN	언제 일어난 일인가
	2016년.
WHAT	무슨 일이 일어났는가
	할아버지가 바위틈에 낀 펭귄을 발견해서 구해주었다. 기름에 덮인 펭귄 몸을 씻어주고 다시 바다에 돌려보냈는데 아무리 돌려보내도 다시 돌아왔다. 그래서 '딘딤'이라는 이름을 지어주고 1년 정도를 같이 지냈고, 털갈이 하는 시기가 오자 딘딤은 바다로 돌

아갔다. 그런데 영영 떠난 줄 알았던 딘딤은 매년 여름이 되면 할아버지에게 돌아왔다가 겨울에는 8천 킬로미터 떨어진 바다에서 지낸다.

항목 하나를 추가해도 좋겠죠. '어디에서 봤는가: 유튜브.' 동영상을 볼 때도 책과 마찬가지로 모르는 단어가 나올 거예요. 그런 것도 똑같이 아래에 정리하도록 합니다. 아이들이 이런 영상을 보고 강렬한 인상을 받았다면 그 느낌이 생생할 때 글로 써보게 하면 좋습니다. 아이도 본 내용을 곱씹으며 생각을 하게 됩니다. 기억에도 더 오래 남고요. 줄거리를 잘 못 쓸 수도 있지만 쓰는 것만으로도 교육 효과가 있습니다.

아이가 쓴 것에 부모가 코멘트를 달아줘도 좋습니다. 아이의 소감을 꼭 쓰게 하라고 했죠. 거기에 대해 부모의 감상도 써주는 거죠. 아이가 쓴 내용에 대해 물어보는 것도 좋습니다. 글로도 썼지만 말로 다시 설명함으로써 말하기와 글쓰기 능력이 함께 향상됩니다. 이렇게 하면 잘 잊어버리지도 않아요. 말과 글의 연계를 통해 전체적인 언어 능력을 끌어올려주세요.

독서 노트 양식

날짜   월   일

책이나 영상 제목
작가

누가 등장하는가
WHO

어디서 벌어진 일인가
WHERE

언제 일어난 일인가
WHEN

무슨 일이 일어났는가
WHAT

새로운 단어 정리

단어	뜻

세상의 모든 지식을 담는 기록장

독서 노트와 함께 만들었으면 하는 게 하나 더 있습니다. 바로 기록장입니다. 기록장은 독서 외의 모든 정보나 지식을 기록해 놓을 수 있는 노트입니다. 쉽게 생각해서 메모하는 습관을 들이는 건데 이 역시 초등학교 고학년에 시작하는 게 적당합니다.

요즘은 정보의 홍수 속에서 산다고 하죠. 인터넷에 검색만 해도, 유튜브를 봐도 정보가 쏟아져 나옵니다. 이제 중요한 건 그런 정보 중에서 중요하고 나에게 필요한 정보를 선별하고 기억하는 것입니다. 한 번 보고 기억할 수 있는 사람은 거의 없어요. 메모해야 합니다.

메모하는 과정은 읽은 것을 자기 것으로 만드는 과정입니다. 다른 말로 표현하면 체득화입니다. 또한 인간의 기억력에는 한계가 있기 때문에 오래 기억해야 할 것일수록 메모를 해놓고 자주 들여다봐야 합니다. 기록이 기억을 지배합니다. 글을 적는 것은 내 기억의 저장 창고에 지식이나 정보를 확실하게 보관하는 행위입니다. 보석을 소중하게 보관해 두듯 책을 읽다가 나온 멋진 표현이나 유용한 상식, 옛 선인의 지혜 등을 저장해 두고 필요할 때 끄집어내어 쓰는 거죠. 게다가 메모를 해놓으면 그때만 보는 것이 아니라 1년 뒤, 10년 뒤에도 볼 수 있는 훌륭한 자산이 됩니다. 스마트폰에 적어두든 공책에 적어두든 메모하는 습관을 들이도록 해주세요.

저 역시 지금도 기록장을 씁니다. 여기저기서 들은 유용한 정보나 인상 깊은 말 등을 기록해 놓아요. 저는 항상 기록장을 들고 다니면서 자투리 시간에 들여다봅니다. 약속이나 회의 시간에도 가능하면 먼저 가서 기록장을 봅니다. 사람을 만나 스몰토킹을 해야 할 때도 기록장에 써둔 재미있는 내용을 꺼낼 수 있습니다. 회의에서 내가 서두 발언을 해야 한다든가 스피치를 해야 할 때도 기록장에 있는 내용을 인용할 수 있습니다. 독서 노트나 기록장은 스피치의 보고입니다. 그래서 연령에 관계없이 부모님들에게도 기록장을 쓰는 걸 권합니다.

아이들도 독서 노트와는 또 다른 노트를 마련해서 메모하는 습관을 들여주면 좋습니다. 디지털 시대이다 보니 어린아이들도 손글씨보다는 키보드에 익숙한데요. 고등학생쯤 되면 스마트폰 앱에 메모해도 좋지만 어릴 때는 직접 종이에 쓰는 걸 추천합니다. 어른들도 필사를 하거나 손글씨를 선호하는 사람이 있죠. 손으로 직접 쓰는 것이 기억에 더 오래 남는다고 해요. 특히 아이들이 직접 쓰는 게 좋은 이유는 손글씨가 기억력뿐 아니라 뇌 발달에도 좋기 때문입니다. 미국 워싱턴대학교 버지니아 베르닝거 교수는 2000년대 초반에 어린아이들의 손글씨 쓰기와 인지 능력의 연관성을 연구했습니다. 그 결과 "펜을 쓰는 아이들은 키보드를 쓰는 아이들보다 더 빠르게, 더 많은 양의, 더 정확한 문장들을 써 내려갔다."고 말했습니다. 키보드로 쓸 때는 몇 개의 키 중에서 선택할 뿐이지만 손으로 글씨를 쓰면 훨씬 더 많은 뇌 운동이 필요하기 때문이죠.

그뿐 아니라 집중력이 높아지기 때문에 학습 능력을 키우는 데 도움이 됩니다. 우리가 단어를 외울 때 괜히 빽빽하게 쓰면서 외운 게 아니죠. 연필을 바르게 잡고 글씨를 바르게 쓰는 습관을 기르는 데도 좋습니다. 어른이 되어 어디 가서 글씨를 쓰는데 악필인 것보다는 낫잖아요.

기록장은 독서 노트와 달리 특별한 형식이 없습니다. 뭐든지 아이가 기억하고 싶은 것이나 유용하겠다 싶은 것을 쓰면 됩니다. 여기에는 통계나 연구 결과, 역사적 사실 같은 지식도 있을 것이고 위인의 명언 같은 지혜도 있을 것이고 인상적인 시의 구절 같은 감성도 있을 것입니다. 모두 가치 있고 의미 있는 것들입니다.

저는 아이들에게 주로 멋진 표현이나 인상적인 통계나 수치 등을 기록하라고 가르쳤어요. 통계나 수치는 더 기억하기 어려운데 이런 지식을 알고 있으면 학교에서든 어디에서든 아주 유용합니다. 직장을 다닐 때도 그렇습니다. 예를 들어 대한민국이 세계에서 선진국으로 공인된 날이 언제인지 아십니까? 2021년 7월 2일입니다. 저는 이걸 기록장에 적어두었어요. 역사적인 날이니 의미 있기도 하고 어디에든 쓸 일이 있을 것 같아서죠. 만약 아이가 대입이나 취업 면접에서 이런 주제의 질문을 받았다고 해봅시다. 대한민국의 경제발전과 세계적 위치에 관한 질문을 받았는데 "2021년 7월 2일에 우리나라가

선진국으로 공인받았는데요."라고 시작하면 점수를 높게 받을 수밖에 없습니다. 직장에서도 마찬가지입니다. "이 제품은 얼마나 팔리고 있습니까?"라고 상사가 질문했는데 그냥 "많이 팔리고 있습니다."라고 대답한 직원과 "전년 대비 20% 상승한 5천 개가 판매되었습니다."라고 대답한 직원 중 누가 더 유능해 보이겠습니까.

말을 잘하려면 메모를 해야 합니다. 예를 들어 유력한 정치인이 뇌물을 받은 사실이 밝혀졌다고 해봅시다. 그 뉴스를 보고 한 학생은 "정치인이 부정부패를 하면 안 됩니다."라고 얘기했습니다. 또 다른 학생은 이렇게 얘기했어요.

"영국의 유명한 철학자이면서 교육자 버나드 쇼는 이런 말을 했습니다. '능력이 뛰어난 사람은 직책이 거추장스럽고 능력이 어중간한 사람은 그 직책을 자랑하고 능력이 모자라는 사람은 그 직책을 망친다.'"

여러분이라면 누구에게 더 큰 점수를 주겠습니까. 열이면 열 명 다 후자를 고를 것 같은데요. 능력과 직책 사이를 간결하고 명쾌하게 정의한 버나드 쇼의 말을 인용해서 자신의 의도와 생각을 보다 효과적으로 전달했죠. 대화나 면접 혹은 인터뷰 중에 이런 말이 갑자기 나올 수는 없습니다. 우선 평소 책을 많이 봐야 하지만 그것만으로는 부족합니다. 아무리 머리가 좋아도 한 번 본 것을 다 외울 수는 없는 노릇이니까요. 독서에서 쓸 만한 내용을 기록하고 여러 번 들여다보며 자신의 것으로 소화한 사람만이 알맞은 때와 장소에 필요한 말을 꺼내어 쓸 수 있습니다. 이 기록들은 아이를 똑똑하고 현명하게 길러 줄 것입니다.

적절한 보상으로 학습을 게임처럼

앞에서 아이에게 보상을 하라는 말을 여러 번 했습니다. 물론 보상 없이도 잘하는 아이에게는 굳이 보상을 할 필요는 없습니다. 제 아들 같은 경우에는 책 읽고 기록하는 걸 즐겼기 때문에 보상을 할 필요가 없었습니다. 그래도 너무 기특해서 아이가 원하는 걸 해주기는 했지만요. 그런데 이런 아이는 사실 드물죠. "친구는 안 시켜도 공부를 하는데 너는 왜 게임만 하냐."고 아이를 나무랄 게 아닙니다. 아이는 기본적으로 놀이를 좋아합니다. 아니 인간은 놀이를 좋아합니다. 부모 여러분도 일하는 것보다 노는 게 좋지 않습니까.

따라서 핵심은 공부를 놀이처럼 만들어주는 것입니다. 보상은 이를 돕는 역할을 합니다. 게임을 할 때 레벨이 오르면 보상이 주어지는 것과 마찬가지입니다.

물론 보상을 통한 동기부여가 필요한 아이에게 쓰는 것이 좋습니다. 어떤 아이는 부모의 칭찬 그 자체가 보상이 되기도 합니다. 이처럼 긍정적인 정서적 보상을 받은 아이는 사랑받는다는 느낌을 가지고 정서적 안정감을 누리게 됩니다.

아이가 자라고 금전 개념이 생기기 시작하면 용돈이 효과적일 수 있습니다. 하지만 꼭 돈이 아니어도 됩니다. 아이가 좋아하는 걸로 보상을 해주세요. 아이가 놀이동산을 가고 싶어 했다면 과제를 잘하면 이번 여름방학 때 데려가 주겠다는 식으로 약속을 하면 됩니다. 보상의 내용과 형식은 아이와 상의해서 정하세요. 아이가 진정 원하는 것이어야 효과적인 동기부여가 됩니다.

보상을 하는 데도 규칙이 필요합니다. 저는 아이들에게 과제에 대한 보상을 할 때 원칙을 지켰습니다.

첫 번째는 반드시 보상한다. 기분 내키면 보상하고 기분 안 내키면 안 하는 것처럼 일관성이 없으면 안 됩니다. 아이와의 약속도 약속입니다. 부모가 약속을 지켜야 아이도 약속은 꼭 지켜야 한다는 인식을 가지게 됩니다. 두 번째는 과제를 했든 안 했든 어떤 경우에도 다시 기회를 준다. 과제를 했는데 잘한 경우도 있고 보통으로 하는 경우도 있고 잘 못할 때도 있잖아요. 이때 보상을 차등 지급했습니다. 아무리 못 했어도 한 것 자체에 대한 보상을 해주고 잘했을 경우에는 더욱 크게 보상했어요. 저의 경우에는 용돈을 줬는데, 예를 들어 평소 5만 원을 주다가 아이가 아주 잘했을 경우에 두 배로 주는 거예요. 그러면 아이가 기뻐서 까무러치려고 합니다. 아이는 사기가 엄청 올라서 다음에도 더 잘하려고 노력하더라고요.

사실 아이에게 어차피 줘야 할 용돈을 이런 식으로 과제를 하면서 준 것입니다. 유대인 부모들은 용돈을 거저 주지 않습니다. 구두를 닦았든 심부름을 했든 집 안 청소를 했든 노동의 대가로 용돈을 줍니다. 그런데 우리나라 현실에서는 아이에게 일을 시키기가 쉽지 않죠. 아이의 학업에 열심인 부모가 많을 테니까요. 그렇다면 적어도 이런 과제를 주고 보상으로 용돈을 차등 지급하는 것이 하나의 방법이라고 생각합니다.

그런데 아이가 과제를 안 했다면 어떻게 해야 할까요? 이유를 먼저 들어봐야 합니다. 이유를 들어보고 합당한 이유가 있으면 인정해 줘야 해요. 그러나 말이 안 되는 핑계를 대거나 거짓말을 할 수도 있습니다. 합리적이지도 않고 거짓말을 하면 애들은 당장 표가 납니다. 그래도 절대 화낼 필요가 없어요.

"네가 생각했을 때 그게 이유가 된다고 생각하니? 다시 한번 설명해 봐. 나는 납득이 안 가는데."

부모가 차분하게 말하면 아이는 답변이 궁해져서 잘못을 인정하기도 해요. 반면 부모가 처음부터 잔뜩 화난 티를 내면 아이는 벌써 겁에 질려서 말을 하지 못하고 아이를 코너를 몰아넣는 꼴이 됩니다. 아이는 자기 잘못을 이미 알고 있을 가능성이 큽니다. 그러니까 화내지 않을 테니 솔직하게 말해보라고 안심시켜 주고, 대신 보상은 없다는 것을 공지하면 됩니다. 그리고 반드시 다시 기회를 주세요. 이때 앞으로 어떻게 할지 자신과의 약속을 스스로 써보도록 하면 좋습니다. 말로만 하는 것보다 글로 쓰면 지켜야겠다는 마음이 더 커집니다.

"

발표 잘하는 아이의
비밀

"

발표에서 논술까지, 실전 말하기 훈련

리딩을 스피치로 연결하라

독서를 하고 그것을 메모하는 법에 대해 알아봤습니다. 책뿐 아니라 영상 등 보고 들은 것을 적절한 방식으로 기록하는 것이 중요하다고 했죠. 읽거나 본 내용을 이해하고, 인과관계를 파악하거나 요약해서 쓸 수 있다면 이것을 스피치로 발전시킬 수 있습니다. 여기서 스피치란 학교에서의 발표나 공식석상에서의 연설 등 많은 사람 앞에서 말하는 모든 형태를 가리킵니다. 머릿속에 수집한 내용을 자신의 입으로 직접 말해봄으로써 스피치 훈련을 할 수 있습니다.

스피치라고 하니까 너무 거창하게 들릴지 모르겠는데 쉽게 말해 일종의 수다라고 생각해도 됩니다. 적당한 수다가 발전하면 스피치가 됩니다. 공식적인 스피치뿐 아니라 대화나 채팅 등도 크게 보면 스피치의 일부라고 생각합니다. 우리가 일상에서 친구들을 만났을 때를 예로 들어볼게요. 저까지 네 명의 친구가 함께 만났다면 제가 제일 좋아하는 친구는 일단 밥을 잘 사는 친구입니다. 누구나 그렇지 않습니까? 그러면 밥을 안 사는 친구들 중에는 누가 좋으냐. 말을 재미있게 잘하는 친구예요. 밥을 잘 안 사도 이야기로 분위기를 띄워주고 즐겁게 해주니 충분히 밥값을 하는 겁니다. 가장 싫은 유형의 친구는 밥도 안 사고 말도 안 하는 친구예요. 기껏 입을 열어도 음식 투정이나 하고 누구 흉이나 보는 친구 한 명씩 꼭 있지 않습니까. 이런 친구는 모임에 기여하는 바가 없고 오히려 피해만 줍니다.

　여러분도 친구들과 만났을 때를 떠올려보세요. 일반 대화에서도 대화를 이끌어가고 대화를 풍요롭게 하는 친구가 있는가 하면 그렇지 못한 사람이 있죠. 자기 에피소드를 아주 재미있게 말하는 친구는 발표나 스피치도 잘합니다. 기본적으로 청중을 사로잡으며 말하는 능력이 있기 때문이죠. 이렇게 작은 그룹에서부터 말하기 능력을 키우는 게 생각보다 굉장히 큰 도움이 됩니다.

　일상생활 속의 잡담은 말하기 능력을 키우는 좋은 연습장이 됩니다. 그러므로 아이와 잡담을 많이 하세요. 독서와 연결해서 읽은 책에 대해 편하게 잡담을 하는 겁니다. "어제 읽은 책은 무슨 내용이었어?"라고 물어보고 아이가 이야기를 해주면 너무 재미있다는 듯이 리액션을 해주세요. 아이가 메모한 것이 있다면 그것을 보고 말하게 해도 괜찮습니다. 중요한 건 반드시 즐거운 분위기를 조성해 줘야 한다는 겁니다. 억지로 시켜서 하면 안 돼요. 시험을 치거나 과제를 하는 것처럼 느껴져도 안 됩니다. 그랬다가는 아이가 오히려 말하는 것에 거부감만 생기니까요. 아이가 좋아하는 책을 골라서 보고 그것에 대해 들려달라고 하면 아이들은 신이 나서 설명하곤 합니다. 이런 일상의 잡담과 대화가 발전해서 발표가 되고 스피치가 됩니다.

　전문적인 지식이나 정보만 나열하고 장황하게 설명을 한다고 해서 스피치를 잘하는 사람이라고 볼 수 없습니다. 좋은 표현의 짧은 문장이 더 큰 임팩트를 남기고 마음을 울리기도 하죠. 메시지를 효과적으로 전달하는 방법이기도 합니다.

그래서 스피치를 잘하기 위해 특히 중요한 능력은 바로 표현력입니다. 표현력은 생각이나 느낌을 말과 제스처 등으로 나타내는 능력을 말합니다. 예술가들은 음악이나 그림, 춤 등으로 자신의 생각이나 느낌 혹은 메시지를 표현하죠. 이 모든 것의 기본이자 가장 쉬운 표현 수단은 바로 말입니다. 예술가들도 자신의 작품을 말로 잘 설명하는 능력이 중요합니다. 페기도 음악과 춤, 패션 등을 통해 자신을 표현하는 능력이 뛰어났는데요. 덕분에 지금 세계적으로 재능을 펼치고 있지만 거기에서 그치지 않고 인터뷰를 통해 자신의 작품과 생각을 잘 표현하기 때문에 예술가로서 더욱 높게 평가받는 것이 아닌가 생각합니다. 당장 우리 아이들이 학급에서 발표를 하고 자기소개를 할 때, 연설을 할 때 등의 상황에서 이 표현력이 굉장히 중요합니다.

그럼 어떻게 해야 표현력을 키워줄 수 있을까요? 책이나 영상에서 좋은 표현을 봤다면 앞서 소개한 기록장에 적어두도록 합니다. 이미 이렇게 하는 아이가 있을 수 있습니다. 저도 아름다운 글귀나 기가 막힌 은유를 사용한 문장을 보면 기록장에 적어둡니다. 그리고 스피치를 할 일이 있으면 그런 표현을 적절하게 사용할 수 있습니다. 좋은 표현을 많이 수집하기 위해서는 동화책이 참 좋습니다. 아름다운 단어와 표현이 많기 때문이죠. 아이가 더 자라면 소설이나 시를 읽어도 좋습니다. 표현력은 책을 읽는 것과 함께 많이 느끼고 생각해 보며 그것을 나눌 때 발전합니다. 아이와 책에 대해 많이 잡담을 나누세요.

그럼 지금부터 가정에서 부모가 아이에게 스피치를 가르칠 때 무엇에 중점을 둬야 할지 알아보겠습니다.

스피치를 하기 전 점검할 5가지

스피치나 발표를 하기 전에는 어떤 환경인지를 파악하고 전략을 짜야 합니다. 이때 다섯 가지를 점검하는 걸 추천합니다.

첫 번째는 대상이 누구인가(who)입니다. 내가 초등학생 친구들 앞에서 이야기할지, 아니면 선생님들도 있는 자리에서 이야기할지, 혹은 친인척들 앞에서 이야기할지 등을 먼저 알아야겠죠. 듣는 상대가 누구인지에 따라 쓰는 어휘도 말의 내용도 조금씩 달라져야 합니다. 예를 들어 친구들 앞에서라면 우리끼리 통하는 농담을 할 수도 있겠지만 선생님이나 학부모가 듣는 상황이라면 더 예의를 갖춘 용어를 사용해야겠죠.

두 번째는 장소가 어디냐(where)입니다. 교실인지, 학원인지, 아니면 강당이나 운동장인지 등에 따라 목소리의 크기나 속도 등이 달라질 것입니다. 실내라면 좀 더 편하고 자연스럽게, 비교적 작은 목소리로 말해도 되겠지만 야외라면 좀 더 귀에 쏙쏙 들어오는 간결한 문장들을 강한 어조와 큰 목소리로 말하는 게 좋겠죠.

세 번째는 언제(when) 말하느냐입니다. 아침 일찍인지, 점심시간 이후인지, 아니면 저녁인지 알아야 합니다. 특히 점심시간 이후라면 한참 졸릴 시간이므로 유머를 좀 더 가미하는 게 좋겠죠. 또 그날이 특별한 날이라면 이야기를 시작하기 전에 관련된 이야기를 해서 분위기를 편안하게 만들 수도 있어요. 예를 들어 오늘이 만우절이라면 만우절에 관련된 재미있는 에피소드로 스피치를 시작할 수 있겠죠.

네 번째는 내용(contents)입니다. 앞서 누구 앞에서, 어디서 언제 발표할지를 알았다면 그것에 맞는 내용을 준비하는 것입니다. 내용을 여러 버전으로 준비하거나 에피소드를 여러 개 준비하는 것도 좋습니다. 막상 현장에 가보면 내가 생각했던 것과 반응이 다를 수도 있어요. 그럴 때 여분으로 준비한 내용이 있다면 이야기를 쉽게 전환할 수 있습니다.

다섯 번째는 사례(case study)입니다. 정보나 지식을 그대로 말하기만 하면 지루해지기 쉽습니다. 그래서 관련된 사례를 찾아보는 게 좋습니다. 사례를 같이 들려주면 듣는 사람이 더 흥미를 갖게 되고 내용을 이해하기도 쉬워집니다.

옷을 입을 때 TPO를 고려하라는 말을 많이 하죠. 시간(time)과 장소(place), 그리고 상황(occasion)에 적합한 차림을 하라는 뜻입니다.

말하기 역시 때와 장소에 걸맞게 말하는 것이 중요합니다.

저는 말을 잘한다고 평가받았지만 때와 장소에 걸맞게 말하지 못해 실패한 경험이 있습니다. 영국에서 일하다가 한국에 와서 대학교수가 되려고 수없이 많은 면접을 봤을 때입니다. 면접에서 제가 아는 모든 지식과 저의 장점을 최대한 성의껏 설명했어요. 면접이 끝나면 '당연히 붙을 거야.'라고 생각했죠. 그런데 이게 웬일입니까, 면접에 한 번, 두 번 떨어지더니 7년 동안 총 31번이나 떨어졌어요. 매번 최종 세 명까지는 올라가는데 마지막 면접에서 떨어지는 거예요. 심지어 어떤 대학교의 면접에서는 면접관으로 온 교수가 이렇게 말하더라고요.

"말씀을 잘하셔도 너무 잘하십니다."

저는 그게 칭찬인 줄 알았고 이번에야말로 합격했다며 좋아했어요. 그런데 결과는? 역시 탈락이었습니다. 어찌 된 일인지, 뭐가 잘못된 건지 도무지 알 수가 없어서 얼마나 답답하고 절망적이었는지 모릅니다.

한참 뒤에야 깨달았습니다. 대부분 합격자는 사전에 결정이 나 있는 식이었다는 것을 말이죠. 또한 우리나라에서는 겸손을 미덕으로 보는 문화가 있기 때문에 지나치게 자기 어필을 하면 부담스럽게 여기는 거였어요. 서양에서는 자신을 잘 표현하고 최대한 어필하는 것, 즉 자기 PR이 중요합니다. 그래서 서양에서 했던 대로 자기표현을 적극적으로 했는데 우리나라의 조직문화와는 맞지 않았던 거죠. 특히 위

계질서가 강한 조직일수록 자기주장이 강한 사람은 뽑기를 꺼립니다. 그 후에도 저는 스타일을 바꾸지 않았고, 그래도 그런 나를 알아준 학교가 있어서 그야말로 기적적으로 합격해 교수가 되었습니다.

말이라는 게 무조건 유창하게 많이 하는 것만이 능사가 아닙니다. 때와 장소에 걸맞게 말해야 하죠. 교수 임용 면접은 일반 직장 면접과는 또 다를 수 있고, 일반 직장도 국내 기업과 외국계 기업이 다를 수 있습니다. 또 직장과 대학 면접 역시 다르겠죠. 그래도 요즘에는 서양식으로 자신감 있게 말하는 것이 훨씬 중요해지는 추세입니다. 스타트업이나 글로벌 기업에 취업하려는 취준생이 많을 텐데 그런 회사의 면접에서는 제가 했듯이 자기 PR을 잘하는 것이 중요합니다. 대학 면접에서도 마찬가지로 자기가 알고 있는 것을 최대한 표현할 줄 알아야겠죠.

무엇을 이야기할 것인가?

아이들의 발표를 독려하기 위해 가장 좋은 방법은 아이가 좋아하거나 흥미를 가진 주제를 찾아, 그것에 대해 이야기하는 것입니다. 다음과 같은 스피치나 발표를 해볼 수 있습니다. 중요한 건 아이 스스로 주제를 선택하게 하는 것입니다.

좋아하는 책에 대해
최근에 읽은 책도 좋다. 어떤 내용이었고 무엇이 인상적이었는지 이야기해 보게 한다.

좋아하는 텔레비전 프로그램이나 영화, 웹툰에 대해
어떤 아이든 좋아하는 콘텐츠가 있을 것이다. 부모가 관심을 가지고 어떤 내용인지 물어보면 기뻐하며 술술 이야기할 것이다.

책이나 드라마, 영화 속 인물에 대해
아이가 가장 좋아하는 인물이 있을 것이다. 그 인물이 어떤 사람이고, 왜 좋은지 발표할 수 있다.

뉴스 기사에 대해
아이가 초등학교 고학년쯤 되면 뉴스로 나오는 주제에 대해서도 의견이 생기기 시작할 것이다. 예를 들어 코로나바이러스가 어떤 것이고, 그것에 대해 어떻게 생각하는지 말해볼 수 있다.

스피치 전 꼭 확인해야 할 5가지 점검 사항

대상
WHO

- 스피치를 할 대상의 성별과 나이대는 어떻게 되는가?
- 그 대상이 관심 있어 할 주제는 무엇인가?
- 대상에 적합한 단어나 유머를 사용했는가?

장소
WHERE

- 스피치할 장소는 어디인가? 야외인가, 실내인가?
- 얼마나 많은 사람이 들어오는 장소인가?
- 단상 앞에서 스피치하는가, 혹은 자유롭게 움직일 수 있는 환경인가?

시간
WHEN

- 스피치할 시간은 아침, 오후, 저녁 중 언제인가?
- 언급할 수 있는 특별한 날이나 기념일 등이 가까이 있는가?

내용
CONTENTS

- 어떤 내용을 스피치할 것인가?
- 대상과 장소, 시간에 적합한 내용인가?

사례
CASE STUDY

- 주장을 뒷받침할 사례나 정보가 들어 있는가?
- 대상에 맞는 에피소드가 들어 있는가?

전달력을 높이는 비언어적 요소

아무리 뛰어난 생각과 지식을 가지고, 훌륭한 어휘력과 논리력 그리고 표현력을 가졌더라도 듣는 사람에게 제대로 전달되지 않는다면 소용이 없습니다. 말하는 사람의 전달력이 뛰어나야 말의 메시지가 정확하게 전달됩니다. 아무리 어려운 내용이라도 쉽고 간결하게 요약할 수 있어야 하고, 사안에 따라 필요하다면 흥미성을 가미할 수 있어야 합니다. 그러나 가장 중요한 건 간결하게 요약하는 능력입니다. 교장 선생님 훈화 말씀처럼 말을 지루하고 길게 하는 것만큼 듣는 사람 입장에서 힘든 게 없습니다.

학교에서 발표를 할 때는 물론 회사에서 상사에게 보고를 할 때 이 능력이 정말 중요합니다. 고위직일수록 시간이 귀하기 때문에 부하 직원의 이야기를 오래 들어줄 아량을 베풀기 힘듭니다. 엘리베이터 스피치라는 게 있습니다. 엘리베이터에서 중요한 사람을 만났을 때 자신의 생각을 요약해서 말하는 걸 뜻하는데요, 이것은 할리우드에서 시작된 용어로, 무명 시나리오 작가들이 유명한 감독을 기다렸다가 엘리베이터를 같이 타서 내릴 때까지 시놉시스를 설명해서 깊은 인상을 남겨야 한다는 것에서 비롯했습니다. 그러니까 짧으면 30초에서 길어봤자 2분가량의 시간 동안 인상적이고 효과적으로 자신의 대본을 요약해서 상대방의 마음을 사로잡아야 하는 겁니다. 이것이 확대

되어 직장 상사나 투자자 등 설득할 상대에게 짧은 브리핑을 하는 것을 뜻하는 용어가 되었습니다.

물론 가장 중요한 것은 내용입니다. 아무리 말을 잘해도 이야기에 알맹이가 없으면 소용이 없겠죠. 어휘는 적확해야 하며 논리적으로 구성되어야 합니다. 내용이 충실하다는 것을 전제로 하면 이처럼 간결하게 브리핑하는 능력이 중요합니다.

말의 내용은 기본이고 비언어적인 요소도 중요합니다. 때로는 말보다 눈빛이나 몸짓이 더 효과적일 때도 있습니다. 이때는 오히려 말을 아껴야 해요. 보배일수록 가다듬고 아껴야 하듯 말이죠. 목소리와 발음, 말하는 속도와 몸짓 등 다양한 방법을 통해 자신의 말을 효과적으로 전달하는 게 중요합니다. 비언어적인 요소는 말의 전달력을 높여주기 때문에 반드시 연습해야 합니다. 말 잘하는 사람은 비언어적인 요소를 잘 활용하는 사람입니다. 그러면 전달력을 높이는 요소들에 대해 알아보겠습니다. 비언어적 요소 중에 아이에게 연습시킬 수 있는 것을 정리해 봤습니다.

1.   발음

말은 내가 하지만 듣는 사람은 상대이기 때문에 상대에 대한 철저한 배려가 필요합니다. 아나운서들은 발음이 매우 정확해서 쉽게 이해할 수 있죠. 그런데 일반인들 중에서는 아무래도 발음이 불분명한 사람이 종종 있습니다. 발음이 명확하지 않아서 상대방이 잘 못 알아듣는 경우가 생기면 본의 아니게 이미지에 손상을 입습니다. 흐리멍덩하고 똑똑하지 못하다는 인상을 주기 쉬워요. 반면 발음이 정확한 사람에게는 똑 부러진다거나 총명하다는 인상을 받죠. 능력이 있어도 발음 때문에 좋지 못한 인상을 준다면 얼마나 억울하겠습니까.

저도 발음 때문에 지적을 많이 받았어요. 경상도 출신으로 사투리를 쓰다 보니 '쌀' 같은 특정 발음이 잘 안 되거든요. 그래서 상대방이 의미를 혼동하거나 웃음거리가 되는 일이 있어서 연습을 참 많이 했는데, 성인이 되어서 고치려고 하니 쉽지 않았습니다. 이 연장선상에서 강조할 것이 표준어를 구사하는 능력입니다. 지역에 가서는 사투리 조금 섞어줘도 좋지만 공식적인 자리에서는 표준어를 구사하도록 노력해야 합니다. 저 같은 경우는 KBS 〈심야 토론〉 사회자 후보에 두 번 올라갔다가 두 번 다 떨어졌어요. 사투리 때문에요. 표준어 구사가 안 된다는 게 감점으로 작용했습니다.

사투리가 나쁘다는 게 아닙니다. 지역의 사투리를 쓰는 건 자연스러운 일이지만 어릴 때 발음을 정확하게 하는 습관을 들여주는 건 필요합니다. 아이가 어릴 때는 당연히 발음이 부정확합니다. 그럴 때 다그치지 말고 부모가 바른 발음을 보여주면서 잡아주면 충분합니다. 자연스럽게 아이가 부모 발음을 따라 하려고 노력할 거예요. 그리고 표준어를 사용하는 연습도 어릴 때 해두면 손해 볼 것은 없을 것입니다.

2. 눈빛과 시선

눈은 마음의 거울이라고 하잖아요. 그만큼 눈에 진심을 담는 것이 중요합니다. 또한 말을 할 때는 상대방과 눈을 맞추는 것이 기본입니다. 여러 명 앞에서 발표나 스피치를 할 때는 더욱 시선이 중요하죠. 시선이 불안하고 눈빛이 흔들리는 사람의 말은 귀에 잘 안 들어올 뿐더러 신뢰가 가지도 않습니다. 눈에 자신감을 담아야 하고 아무리 많은 사람이 있어도 좌우 위아래 골고루 눈을 맞춰야 합니다.

상대방의 눈을 보라는 게 그냥 보기만 하라는 게 아닙니다. 눈을 보면서 말하기의 전략을 세우고 수정해야 해요. 저는 천 명 이상이 들어오는 강의를 하기도 하는데, 청중의 눈빛을 보면서 많은 정보를 얻습니다. 강의를 할 때는 반드시 청중의 세 군데를 찍어놓고 눈빛이 보이는 앞사람을 주시합니다. 내 얘기에 집중하는지 안 하는지 그 사람들은 모르지만 제가 강의하면서 눈동자를 보면 다 신호를 주거든요. 내 얘기가 지루한지 흥미로운지 눈을 보면 알 수 있어요. 지루해하면 빨리 다른 화제로 전환하고 흥미 있어 하면 더 길게 말하는 등 말의 내용과 목소리의 크기, 톤 등을 조정하는 거죠. 듣는 사람의 눈빛이 내 이야기의 바로미터가 되는 겁니다. 눈빛이 보내는 신호를 잘 읽어야 그 강의가 성공적으로 끝나요.

어떻게 하면 아이에게 이런 것을 가르칠 수 있을까요? 부모가 먼저 아이와 눈을 맞춰야 합니다. 아이가 말을 거는데 스마트폰이나 텔레비전을 보면서 얘기하는 부모가 많죠. 설거지를 하거나 바쁠 때는 그럴 수도 있지만 가급적 아이와 얘기할 때는 아이 눈을 보도록 해야 합니다. 특히 눈에는 많은 정보가 담겨 있어요. 아이가 어떤 감정인지, 혹시 거짓말을 하는 건 아닌지 눈을 보면 알 수 있습니다.

3.   제스처

제스처는 말의 양념이라고 할 수 있을 정도로 전달력을 높여주는 수단입니다. 말 잘하는 사람들을 잘 보세요. 목석같이 차렷 자세로 서서 말하는 사람은 없습니다. 말의 내용에 따라 자연스럽게 손짓, 몸짓, 고갯짓 등을 적절하게 사용하죠. 다만 지나친 제스처는 산만해 보일 수 있기 때문에 주의해야 합니다. 억지로 제스처를 하려고 하면 오히려 부자연스러워지므로 최대한 긴장을 푸는 게 좋아요. 사실 아이들은 편하게 얘기할 때 제스처를 많이 사용합니다. 그것을 칭찬해 주고 너무 과하게 움직이는 것만 잡아주면 됩니다.

4.   표정

무슨 말을 하는지 표정에서 읽혀야 합니다. 그저 지식이나 정보라 할지라도 건조하게 말하는 것보다 표정에 감정을 담아야 전달력이 높아집니다. 말에 감성을 입히라는 거죠. 많은 사람 앞에서 말할 때는 표정에서 긴장이 보이지 않고 청중이 편안하게 느끼도록 표정

관리를 해야 해요. 서먹하고 딱딱한 환경일수록 미소를 잃지 않아야 합니다.

아이들은 표정이 풍부합니다. 아이들이 무서운 이야기를 할 때는 무서운 표정을 짓고 우스운 이야기를 할 때는 우스운 표정을 지어요. 그러다가 나이가 들수록 표정이 사라지고 감정을 숨겨야 할 일도 많다 보니 포커페이스를 유지하는 사람이 많죠. 하지만 발표나 스피치를 할 때 표정이 풍부한 사람이 청중의 시선을 사로잡습니다. 그러니 아이들의 표정 근육이 굳지 않도록 해주면 좋습니다. 싫으면 싫은 표정을 하고 좋으면 좋은 표정을 하는 아이의 솔직한 표현을 막지 마세요. 또한 아이 스스로가 이야기를 많이 하면 도움이 됩니다. 어떤 동화의 이야기를 한다면 그 등장인물의 표정을 연기하게 되거든요.

5.   말의 강약과 속도

저는 많은 사람 앞에서 말할 때 일종의 '밀당'을 합니다. 때로는 소리도 치고 때로는 조용하게도 말하기도 해요. 단조롭게 같은 톤으로만 말하는 건 청중에게 마음껏 졸라고 자리를 깔아주는 것과 같아요. 말의 강약과 속도를 조절해서 리듬을 만들어야 합니다. 말을 할 때는 강조하고 싶은 부분이 있게 마련이죠. 그러면 그 부분 전에는 소곤거리듯 말하다가 강조하고 싶은 부분을 강하게 말해서 귀에 확 꽂히도록 하는 거예요. 전달력을 높이는 하나의 테크닉입니다.

속도도 마찬가지로 일대일로 얘기할 때도 청중을 상대로 연설할 때도 중요합니다. 지나치게 빠르거나 느려서는 안 됩니다. 법원에서 판사가 판결 내리는 것을 본 적이 있습니까? 가장 중요한 판결 부분을 말할 때는 잠시 침묵해서 관심을 집중시킨 후 강한 어조로 또박또박 말하는 걸 볼 수 있습니다. 그 부분이 가장 중요하다는 걸 누가 들어도 알 수 있죠. "에" 같이 불필요한 소리를 반복하면서 느릿느릿하게 말하는 연설은 좀 심하게 말하면 소음과도 같습니다. 청중의 집중력이 크게 떨어지는 결과를 낳고 말아요. 너무 빨라도 귀에 들어오지 않습니다. 또박또박 적절한 속도로 말하는 연습이 필요합니다.

6. 의상

"외모가 뭐가 중요하냐, 말의 내용이 중요하지."라고 말할지 모르겠는데 물론 내용이 가장 중요합니다. 하지만 보이는 이미지도 생각보다 더 중요합니다. 의상은 말의 내용을 더욱 돋보이게 해주는 날개가 됩니다. 전체적으로 나의 스피치가 긍정적인 이미지를 주는지 점검할 필요가 있는데요. 나의 개성과 이미지를 가장 알기 쉽게 나타낼 수 있는 게 의상입니다.

영국 속담에 "의상은 걸어 다니는 명함"이라는 말이 있습니다. 뭘 입느냐가 그 사람의 개성이나 품격을 드러내기 때문입니다. 옷에 따라 말하는 사람의 정신자세나 태도도 달라지는 법입니다. 편안한

트레이닝복을 입으면 좀 더 자유롭고 편할지 모르겠지만 긴장감이 너무 없어서 공식적인 자리에서는 부적절합니다. 정장을 차려입으면 확실히 전달력이나 분위기가 달라져서 청중을 붙잡을 수 있습니다. 아이가 학교에서 발표를 한다고 하면 그날은 옷도 좀 신경 써서 입도록 유도해 보세요.

물론 청바지에 티셔츠를 입고 말하는 것도 좋습니다. 스티브 잡스처럼 자신의 개성을 드러내는 편안한 옷을 갖추는 것도 방법입니다. 그러나 때와 장소 그리고 대상을 고려해서 예의에 어긋나지 않도록 유의해야 합니다.

7.   유머

유머는 원활한 커뮤니케이션을 위한 윤활유입니다. 대화든 연설이든 말을 할 때 유머는 떼려야 뗄 수 없는 요소입니다. 우리나라에서는 특히 공식적인 자리에서 엄숙함을 강조하고 유머는 천시하는 경향이 있어요. 사회적 지위가 높은 사람이 유머를 구사하면 "격이 떨어진다."는 소리가 나오기도 합니다. 그러나 이것은 상당히 잘못된 것입니다. 유머만큼 메시지를 효과적으로 전달해 주는 수단이 없습니다. 유머에 능한 사람은 분위기를 쥐락펴락 할 수 있어요. 물론 상황을 봐가면서 어떤 유머를 사용할 것인가 선택해야 하겠지만 우리나라 사람들은 딱딱한 경우가 많습니다.

그러나 성공하는 사람은 연설할 때나 대화할 때 유머를 적절히 섞을 줄 압니다. 유머 감각은 리더십의 필수 요소이기도 하죠. 영국의 윈스턴 처칠 총리는 전쟁 상황 속에서도 웃음을 잃지 않고 국민들에게도 희망을 불어넣은 유머 리더십으로 유명합니다. 미국의 대통령들도 연설문 작성팀에 유머 담당을 따로 둘 정도로 유머는 필수입니다.

유머를 잘 사용하면 커뮤니케이션의 달인이 될 수 있습니다. 따라서 유머는 따로 준비하는 것이 좋아요. 저도 유머로 위기를 넘긴 일이 많습니다. 한번은 국회에서 열린 세미나에서 발표할 일이 있었습니다. 제 순서가 되기 전에 한 교수가 발표를 하는데 말도 느리고 강약이 없이 30분 정도를 준비해 온 것을 보며 읽더라고요. 점심시간이 끝난 직후라 다들 졸기 시작했어요.

어쩌다 보니 제가 마지막 발표자가 되었습니다. 발표를 하려는데 다들 눈을 감고 들을 생각을 안 하더라고요. 여기서 정색을 하면 분위기만 안 좋아지겠다 싶어서 유머를 섞어 이렇게 말했습니다.

"자, 이제 마지막 토론자 순서입니다. 기상 시간입니다! 발표자와 토론자가 힘을 합쳐 국회 참석자들을 이렇게 완벽하게 재우는군요. 끝날 때까지 눈 감고 있으면 자는 것이 되고 마지막 순간에 눈뜨고 있으면 세미나에 참석한 것이 됩니다."

그제야 다들 자세를 바로잡으며 듣는 시늉이라도 해주었습니다. 물론 분위기도 더욱 좋아져서 제가 발표를 하기도 수월해졌습니다. 유머는 이처럼 주의를 환기하고 집중력을 끌어냄으로써 메시지를 효과적으로 전달하는 데 도움이 됩니다. 스피치를 할 때는 어떤 상황이 생길지 모릅니다. 그래서 저는 스피치나 강의를 할 때는 유머 소재를 항상 두세 개는 준비해서 갑니다.

물론 사람들을 웃기는 건 쉽지 않습니다. 이 사람들에게는 통했는데 다른 데 가서 했을 때는 안 통하는 경우도 많이 있었어요. 그렇다고 당황할 필요는 없어요. 그냥 실패했다는 걸 솔직하게 인정하면 거기서 또 웃음이 발생하기도 합니다.

비언어적 요소 7가지 점검 사항

발음

- 발음이 정확한가?

눈빛과 시선

- 관객과 눈을 맞추며 이야기하는가?
- 눈빛에 힘이 있는가?

제스처

- 내용에 따라 자연스럽게 손짓, 몸짓을 하는가?
- 너무 산만하거나 과도하게 움직이지 않는가?

표정

- 내용에 따라 표정의 변화가 있는가?
- 긴장해서 표정이 굳어 있지 않은가?

말의 강약과 속도

- 내용에 따라 말의 강약과 속도를 조절하는가?
- 불필요하고 반복되는 추임새를 넣지는 않는가?

의상

- 상황과 장소에 적합한 의상을 선택했는가?
- 의상이 깔끔하면서 나의 개성을 잘 드러내는가?

유머

- 유머를 시의적절하게 사용할 수 있는가?
- 스피치를 해치지 않으면서 관객을 환기시킬 수 있는가?

3단계 스피치 연습하기

어른도 쉽지 않은 스피치 연습, 아이에게는 어떻게 연습시킬 수 있을까요? 앞서 소개한 비언어적 요소까지 처음부터 아이가 완벽하게 하기를 바랄 순 없습니다. 또한 이것들은 하나하나 연습하기보다 발표를 많이 하다 보면 전체적으로 자연스럽게 향상되는 것입니다. 그렇기 때문에 아이가 발표할 기회를 많이 주는 게 좋은데요. 가정에서 할 수 있는 방법을 3단계로 나눠 소개하겠습니다.

1단계: 간단한 질문에서 시작하기

여러 번 강조하지만 뭘 가르치든 중요한 것은 아이가 흥미를 가지는 겁니다. 공부처럼 느껴지고 숙제처럼 부담스러우면 안 돼요. 그래서 아이가 흥미를 가진 것에 대해 질문하는 걸 추천합니다. 책뿐만 아니라 그림, 노래, 게임 등 아이가 좋아하는 게 한 가지는 있을 거예요. 없다면 부모가 아이를 잘 관찰하지 못한 것일 수도 있습니다.

만약 아이가 어떤 그림책을 좋아한다면 "그 책이 왜 좋아?"라고 물어보세요. 물론 어릴 때는 "그냥 좋으니까." 정도로 그칠 거예요. 그렇다고 해서 이렇게 말해야 한다는 둥 코치하려고 하지 마세요. "말로 표현하기가 힘들어."라고 해도 "그래, 그렇구나."로 끝내야 합니다. 그런데 이 질문을 꾸준히 반복하잖아요? 아이가 자라고 어휘력이 늘면 점점 길고 구체적으로 설명할 수 있게 돼요. 비논리적인 점이 있더라도 말을 자르지 말고 들어주기만 하세요. 시간과 여유를 충분히 주고 강요하지 말아야 해요.

2단계: 아이가 관심사를 설명하게 하기

글쓰기를 좋아하는 아이면 쓴 글에 대해서 물어보면 되고 만화를 그리는 아이에게는 만화에 대해 물어보세요. 중요한 건 일단 칭찬하는 겁니다. 칭찬하는 사람에게 더 말해주고 싶지 않겠어요? 예를 들어 사진 찍기를 좋아하는 아이에게는 "사진 너무 잘 찍었다."라고 칭찬한 뒤에 "왜 아래에서 위로 찍었어?" "구도는 어떻게 잡았어?" 등을 물어보는 거죠. 아이 입장에서는 좀 어려운 질문일 수 있지만 질문을 받은 아이는 당장 대답은 못 할지라도 생각하게 됩니다. 그리고 더 잘 설명할 방법을 찾게 되죠.

아이의 관심사를 키워주는 것도 중요합니다. 관련 책을 사준다거나 부모가 많이 물어보고 관심을 가져주면서 지속적으로 발전하도록 도와주는 거죠. 아이들이 꼭 말로만 자기표현을 하는 게 아니라 여러 수단을 통해 자기표현을 할 수 있습니다. 그런 것을 발전시키고 말로도 설명하게 도와주는 거예요. 제 딸은 어릴 때 에어로빅을 배우고 싶다고 하기에 에어로빅 학원에 보내줬어요. 다른 부모는 "애가 무슨 에어로빅이냐."라고 하기도 했지만 아이의 관심사를 부모의 기준으로 재단해서는 안 됩니다. 나쁜 일이 아니라면 아이의 관심사를 지원해 주었을 때 아이는 더 많은 지식을 얻게 되고, 부모의 질문으로 인해 그 것을 말로 설명하는 법을 배우게 됩니다.

3단계: 스피치를 동영상 촬영하기

아이가 태어났을 때, 기거나 걷기 시작할 때, 말하기 시작했을 때 등 아이의 동영상이 스마트폰에 가득할 겁니다. 그런데 아이가 클 수록 동영상 촬영이 뜸해지죠. 더 이상 놀라워하지 않고 감사해하지 도 않고 부모가 둔감해지는 것일 수도 있습니다.

하지만 아이가 초등학생쯤 되면 충분히 의사소통이 가능하니 본격적으로 동영상 촬영을 해보기를 추천합니다. 요즘 아이들은 동영 상이랑 친숙하니까 아마 싫다고 할 아이는 별로 없을 거예요. 중학교 에 가고 나이를 먹으면 부끄러워하기도 하고 힘들어지니 초등학교 때 가 가장 좋은 시기입니다.

아이의 작품이나 설명을 동영상으로 기록하고 싶다고 제안해 보세요. 예를 들어 "그림 그릴 때 왜 행복한지 설명해 볼까? 네가 그린 그림에 대해서도 설명해 줘."라고 하는 겁니다. "우리 둘이서 재미있게 한번 찍어보자."라고 놀이처럼 만들어주세요.

편안하게 촬영하는 것도 좋지만 이왕이면 책이라도 쌓아서 무 대를 만들어서 진짜 발표하는 것처럼 분위기를 조성하는 게 좋습니다. 앞서 의상도 중요하다고 했는데요. 아이에게 청중이 있다고 상상하고 좋은 옷을 갖춰 입도록 해보세요. 그런 다음 아이가 원하는 것에 대해 설명하도록 하고 촬영해 봅시다. 처음에는 3분 혹은 5분에서 길면 10분까지 촬영을 합니다. 3분 스피치, 5분 스피치처럼 시간을 정해놓고 하는 것도 좋은 연습이 됩니다. 좀 더 게임처럼 느껴지기도 해요.

이렇게 촬영을 하면 아이도 진지해져서 더 열심히 설명을 합니다. 처음에는 1분도 힘들어할 수 있어요. 짧아도 좋으니 찍은 것을 아이와 함께 다시 보세요. 자기 모습을 자기가 보는 것만큼 중요한 게 없습니다. 이렇게 객관적으로 자신의 모습을 보면 장단점이 보입니다. 우선 칭찬해 주고 아이에게 "다시 보니까 어때?"라고 물어보세요. 대부분 어색하다고 느낄 거예요. 아이들은 머리카락을 꼬기도 하고 몸을 배배 꼬기도 하고 가만히 서 있지 못하고 발을 동동거리기도 하죠. "잘했는데 이 부분에서 좀 더 손짓을 이렇게 하면 좋지 않을까?"라는 식으로 개선점을 말해주고 다시 찍어보자고 해서 부족한 부분을 보완해 보세요. 물론 너무 반복해서 아이를 질리게 하면 안 됩니다. 아이들은 억지로 하는 걸 제일 싫어해요.

이런 촬영을 정기적으로 해보기 바랍니다. 해가 갈수록 아이가 바뀌어나가는 모습이 확연히 보일 거예요. 아이도 1년 전의 자신과 지금의 자신을 보며 발전했다는 뿌듯함과 성취감을 느낄 수 있어요. 그리고 더 잘하고 싶어서 거울 앞에서 연습을 하기도 합니다.

이렇게 하면 스피치 연습이 될 뿐만 아니라 부모와 자녀 간에 소중한 추억이 됩니다. "남는 건 사진밖에 없다."는 말이 있는데 그건 비싼 캠코더를 사야 할 때의 말이고요. 지금처럼 손안에 다들 스마트폰을 쥐고 있는 시대에 남는 건 동영상밖에 없습니다. 동영상을 활용하세요. 아이가 새 학기에 학교에 간다면 자기소개를 미리 연습해 보면서 찍는 것도 좋고요. 반장 선거에 나가서 연설을 해야 한다거나 수업 시간에 발표를 해야 한다면 미리 리허설을 하면서 촬영해 보세요. 우리 아이의 말하기 실력은 물론 성장 과정을 소중한 추억으로 기록하세요.

3단계 스피치 실전 연습

1단계	아이의 흥미에 대해 간단한 질문하기
	1. 아이를 관찰한다. 2. 아이가 흥미를 보이는 것에 대해 추가로 질문한다. 3. 아이가 이유를 잘 대답하지 못하더라도 다그치지 않고 다각도로 질문한다.
2단계	아이의 관심사에 대해 물어보기
	1. 아이가 관심을 가진 것에 대해 질문한다. 2. "예" "아니요"로 답하는 질문이 아니라 문장으로 답할 수 있도록 열린 질문을 한다. 예) 이 그림은 빨간색으로 그렸구나?(X) 이 그림은 왜 빨간색으로 그렸니?(O) 이건 어떻게 색칠할 거야?(O)
3단계	아이의 스피치를 동영상 촬영하기
	1. 아이가 좋아하는 것에 대해 말하게 하고 그것을 동영상으로 촬영한다. 2. 촬영한 것을 아이와 함께 본다. 3. 비판보다 칭찬을 해주고 "이렇게 하면 더 좋지 않을까?"라고 권유하되 절대 강요하지 않는다.

"
논술이 걱정 없는
글쓰기 연습

"

발표에서 논술까지, 실전 말하기 훈련

말하기와 논술, 핵심은 논리력

요즘 아이들은 말을 할 기회도 많아졌지만 글은 쓸 기회도 예전보다 훨씬 많습니다. 일상에서도 예전엔 무조건 전화를 해야 했지만 요즘 애들은 전화보다 카카오톡이나 SNS의 DM 등을 더 많이 쓰지 않습니까. SNS에 글도 많이 쓰고 유튜브 등에 댓글도 많이 달아요.

그러면 글쓰기 능력이 늘어야 하는 거 아닐까요? 하지만 그렇지 않죠. 왜일까요? 그런 글은 모두 짧은 글이고 약자나 은어도 많이 쓰기 때문에 논술과 같은 글쓰기 능력의 향상으로 이어지지 않습니다. 심지어 이모티콘만으로 감정을 표현하기도 하니까요. 자신의 생각을 논리정연하게 기술하는 연습은 되지 않는 것이죠. 요즘 아이들이 문해력이 떨어진다고 말하는데 그 결과 글쓰기 능력도 떨어지고, 당연히 말하기 능력도 떨어집니다. 여러 번 강조했다시피 글과 말은 연결되어 있으니까요.

말하기 능력과 논술은 밀접한 관련이 있습니다. 단순하게 생각하면 둘 다 언어죠. 서술을 하면 글이 되고 구술을 하면 말이 됩니다. 여기에서 공통적으로 필요한 게 논리입니다.

논술의 핵심은 논리입니다. 논술은 수필하고 다르잖아요. 수필은 자신의 생각과 느낌을 자유롭게 쓰지만 논술에는 반드시 주장이 있어야 하고 자신의 의견을 논리적으로 전개해서 상대방을 설득해야 합니다. 논술은 설득하는 과정이라고 해도 과언이 아닙니다. 어떤 주제에 대해 잘 모르는 사람들에게 논리적으로 설명해서 읽는 사람이 이해하면 성공하는 거예요. 그런데 주장이 과도하거나 무리하다면 설득이 안 되죠. 그래서 논리적인 설득을 해야 합니다.

앞서 스피치를 가르칠 때 질문을 하라고 했죠. 논술도 마찬가지예요. 처음에는 질문에 답하는 것부터 시작할 수 있습니다. 예를 들면 아이에게 이렇게 물어볼 수 있겠죠. "너는 엄마가 왜 좋니?" 그러면 초등학교 1~2학년쯤 된 아이는 "엄마니까요." 정도로밖에 얘기하지 못할 거예요. 3~4학년쯤 되면 좀 더 많은 이유를 말할 수 있게 됩니다. "엄마가 없었으면 나는 태어날 수 없어요. 내가 아프면 약을 사다 주고 내가 속상할 때 위로해 줘요." 하는 식으로 사실관계를 몇 가지 얘기할 수 있게 돼요. 이처럼 논리적으로 사실 관계를 나열하는 게 결국 논술인 거죠.

여기서 좀 더 발전하면 아이가 "용돈 좀 올려주세요."라고 요청하기도 할 텐데요. 이때도 그냥 안 된다고 단칼에 끝내지 말고 아이의 논리력을 키워주는 기회로 삼아보세요.

"왜 용돈을 올려달라고 하니?"

"내 친구는 한 달에 용돈을 3만 원 받는데 나는 한 달에 2만 5천 원밖에 안 받잖아. 그러니까 나도 5천 원 더 주세요."

"가정환경이 다 다른데 무조건 친구와 똑같은 용돈을 달라고 하면 아빠는 설득이 안 되는데? 다시 한번 아빠를 설득해 봐."

아이는 어떤 식으로든 설득하기 위해 논리를 생각해 내려고 애를 쓸 거예요. 이 과정을 글로 쓰면 결국 논술이 됩니다.

면접도 마찬가지입니다. 짧은 시간에 내가 왜 이 학과나 회사를 지원했는지, 왜 자신을 뽑아야 하는지 설득할 수 있어야 해요. 밑도 끝도 없이 "제가 성적은 좀 부족하지만 뽑아만 주시면 열심히 하겠습니다."라고 말하는 사람이 있는데, 이렇게 말하는 건 초등학교 수준밖에 안 됩니다. 논리가 부족합니다.

왜 내가 성적이 부족했는지 설명할 수 있어야 합니다. 사실은 이런 쪽에 관심이 많아서 학과 성적을 올릴 수 없었다든지, 대신 이런 분야는 내가 굉장히 잘한다든지, 듣는 사람이 납득할 만한 근거를 주고 논리적으로 이야기해야죠. 그래서 저는 입시면접을 볼 때 말하는 걸 보면 '이 학생은 논술도 못 하겠구나.'라는 걸 알게 돼요. 기본적으로 논리적인 전개와 설득이 안 되는 사람은 말이든 글이든 잘할 리가 없으니까요.

논리적으로 설득하려면 근거를 제시하는 게 좋습니다. 역사적 사실이나 연구 결과, 통계 등을 제시할 수 있겠죠. 자기주장을 뒷받침할 수 있는 철학자나 학자들의 말을 인용하는 것도 좋습니다. 이런 식으로 자기주장을 좀 더 그럴듯하게 만드는 것이죠. 만약 읽는 사람이 너무 비약이라거나 과장됐다고 느낀다면 이 논술은 실패한 것입니다.

사실과 의견 구분하기

논술을 잘하려면 기본적으로 사실과 의견을 구분할 줄 알아야 해요. 영국의 저명한 저널리스트인 찰스 프레스트위치 스콧(Charles Prestwich Scott)이 이렇게 말했습니다. "의견은 자유지만 사실은 신성하다(The comment is free, but facts are sacred.)." 사실은 건드려서는 안 됩니다. 대신 의견이나 해석은 다양할 수 있어요.

예를 들어 "키 170cm의 미모의 한국 여성이 런던에서 박사 학위를 땄다."는 기사가 있다고 해봅시다. 이런 비슷한 기사 제목을 본 적이 있을 겁니다. 여기서 사실과 의견을 구분해 보면, '키 170cm의 한국 여성이 런던에서 박사 학위를 땄다.'가 사실입니다. 그러나 미모라는 건 기자의 의견이고 굉장히 주관적인 것이죠.

사실과 의견은 어떻게 다를까

사실	의견
객관적으로 증명할 수 있다.	객관적으로 증명할 수 없다.
정보나 지식을 전달하는 목적을 가진다.	주장이나 설득하는 목적을 가진다.
말하는 사람의 생각과 관련이 없다.	말하는 사람의 생각을 담고 있다.
실험이나 연구 결과로 얻은 보편적 진리다.	구체적인 근거를 제시하지 못한다.

논술을 공부한다는 것은 사실과 의견을 구분해 내는 눈을 키우는 것이기도 합니다. 제가 영국에서 공부하던 시절 교수님에게 여러 번 지적을 받았어요. 당시 저는 기자 생활을 한 경력이 있었음에도 불구하고 사실과 의견을 제대로 구분하지 못한다는 피드백을 받았습니다. 그래서 논문을 쓸 때마다 굉장히 유의해서 사실 관계를 구분하는 훈련을 했습니다.

우리 아이에게 자연스럽게 이 연습을 시킬 수 있습니다. 아이가 쓴 일기에서도 사실과 의견을 구분할 수 있어요. 예를 들어 아이가 이런 일기를 썼다고 해봅시다.

"오늘 엄마와 박물관에 갔다. 조상들이 쓰던 물건이 많이 있었다. 지금 우리가 쓰는 것과는 많이 달라서 신기했다."

여기서 사실은 뭐고 의견은 뭔지 물어보는 겁니다. '오늘 엄마와 박물관에 갔다. 조상들이 쓰던 물건이 많이 있었다.'는 사실이고 '지금 우리가 쓰는 것과는 많이 달라서 신기했다.'는 아이의 의견이죠. 이처럼 자신이 쓴 글에서 사실과 의견을 구분하는 연습을 해보면 남이 쓴 글을 봤을 때도 수월하게 구분할 수 있을 것입니다. 어떤 글을 보든 사실과 의견 구분하기를 게임처럼 해보는 것도 좋습니다. 글뿐 아니라 다큐멘터리 영상의 내레이션에서도 사실과 의견을 구분할 수 있죠. 심지어 텔레비전 프로그램의 자막을 보면서도 사실과 의견을 구분할 수 있습니다. 예능 프로그램의 자막을 보면 사실뿐 아니라 제작자의 의견을 자막으로 넣는 경우도 왕왕 있죠. 예를 들어 출연자가 빵을 먹는 장면을 내보내면서 "먹기 싫지만 억지로 빵 먹는 중"이라는 자막이 있다고 해봅시다. 여기서 '빵 먹는 중'은 보이는 그대로 사실이지만 '먹기 싫지만 억지로'라는 건 사실 본인이 말하기 전에는 모르는 겁니다. 이건 제작자의 의견이죠.

이런 것을 구분할 수 있게 되면 논술은 물론이고 미디어 리터러시를 키우는 데도 도움이 됩니다. 정보의 홍수 속에서 사실과 의견을 구분하지 못하면 제작자나 글 쓴 사람, 말한 사람의 의견을 사실이라고 믿고 잘못된 생각을 가질 수가 있기 때문입니다.

논술과 말하기는 서로 맞물려 있으며 별개의 것이 아닙니다. 말을 잘하기 위해서도 논술은 반드시 해야 합니다. 논술을 연습하면서 키워진 논리력이 말을 할 때도 도움이 되기 때문이죠. 말은 글이 되고 글도 말이 됩니다. 말하기 연습이 논술 연습이고 논술 연습은 곧 말하기 연습입니다.

사실과 의견 구분하기 연습

다음은 영화관과 팝콘에 대한 글입니다. 아이들과 함께 다양한 글을 읽으며 사실과 의견을 구분하는 연습을 해보세요. 어린이 신문에서 관심 있는 주제를 찾아 함께 읽고 연습해 보는 것도 좋은 방법입니다.

영화관에 가면 영화와 환상의 짝꿍을 이루는 팝콘을 꼭 먹어야 하지만 (의견) 코로나19 이후 한동안 영화관에서 음식물을 섭취할 수 없었다. (사실) 극장가에서는 큰 수익의 원천을 잃었으며 그를 해결하기 위해 다방면에서 노력 중이다. (사실) 점차 사회적 거리 두기가 해제되며 영화관에서 팝콘 등 음식물을 먹을 수 있게 되었고 영화관을 찾는 관객도 크게 늘었다. (사실) 영화를 볼 때 떼려야 뗄 수 없는 팝콘(의견)은 언제부터 먹기 시작했을까.

초등학생을 위한 3단계 논술 훈련하기

저는 초등학교 때부터 논술 공부를 해야 한다고 말하는데요. 이렇게 말하면 학부모들이 논술 학원에 보내고 사교육을 시키려고 합니다. 그런데 초등학생 때부터 논술을 공부로 인식하게 된다면 이것은 실패한 교육이라고 생각합니다.

저는 울릉도 출신입니다. 육지와 많이 떨어진 섬이다 보니 교육 환경이 열악하고 사교육을 받기도 쉽지 않았습니다. 저는 방학 때도 육지에 나가기가 힘들었습니다. 그래서 항상 제 고향의 아이들에게 교육 면에서 도움이 되고 싶다는 바람이 있었습니다. 그게 제가 할 수 있는 일이니까요. 이런 이유로 울릉도의 초등학교에서 일종의 재능기부를 했었습니다. 논술 수업을 한 것이죠. 그런데 제 수업을 들은 초등학생이 이렇게 말하더라고요.

"공부는 싫은데 논술은 좋아요!"

수업이 재미있었던 덕분에 아이들은 논술을 공부로 생각하지 않았습니다. 제 수업의 핵심은 재미입니다. 논술이 공부처럼 느껴지면 안 됩니다. 제가 가르치는 논술은 대입 논술이 아니라 어린이가 자기표현을 잘하도록 판을 깔아주는 것입니다. 그러기 위해서 여러 방법을 썼는데 주로 아이들이 좋아하는 동영상을 이용했습니다. 제가 수업한 방법을 알려드리겠습니다. 부모 여러분도 충분히 할 수 있습니다.

1단계: 요약하기

우선은 재미있는 동영상을 보여줘요. 아이들은 재미없으면 안 하니까요. 예를 들어 유튜브에 사자와 인간의 우정을 그린 동영상이 있는데 이 동영상을 보여줬습니다. 아이들이 영상을 흥미 있게 봤다면 지금 본 영상의 줄거리를 적어보라고 합니다.

두 청년이 영국의 어느 백화점 동물 코너에서 아기 사자를 만나게 되었다. ➜ 이들은 곧 친구가 되었다. ➜ 사자가 점점 자라자 야생으로 돌려보내기 위해 아프리카 케냐로 사자를 보냈다. ➜ 1년 후 아프리카로 찾아갔을 때 사자는 두 청년을 알아보고 뺨에 얼굴을 부볐다. 이렇게 이야기의 전개를 순서대로 쓰는 걸 가르치는 거죠.

　　제가 앞서 소개한 기록장이라든가 독서 노트 같은 게 결국 논술을 위한 밑작업이 됩니다. 책을 좋아하는 아이라면 책을 읽고 줄거리를 써보라고 해도 되지만 책 읽기를 지루해한다면 동영상을 활용하세요. 영상을 보고 요약하는 것도 논술을 위한 연습이 됩니다. 책의 경우에도 저는 아이들에게 이야기로 들려줬어요. 예를 들어 〈흥부와 놀부〉 같은 전래동화는 굉장히 유명해서 아이들도 다 아는 이야기죠. 저는 아이들의 흥미를 더욱 유발하기 위해 이야기를 각색해서 들려줬어요. 동화 속에서 흥부는 마냥 착하고 당하기만 하지만, 놀부에게 맞서는 흥부로 이야기를 바꾸기도 했습니다. 그동안 들었던 이야기와 다르고 흥부가 속 시원하게 나오니까 아이들도 같이 흥분해서 굉장히 재미있게 들어요. 이렇게 이야기를 들려주고 줄거리를 써보라고 하는 것도 좋은 방법입니다.

　　줄거리를 써보라고 하면 처음에는 잘 안 될 수 있습니다. 제 경험상 저학년 때까지는 제대로 못 씁니다. 자신이 마음에 드는 부분만 길게 쓰는 아이들도 있어요. 흥부와 놀부가 싸우는 부분만 장황하게 늘어놓기도 합니다. 그래서 가이드를 주는 게 좋아요. 주인공이 누구인지, 사건이 발생한 장소가 어디인지, 언제 일어난 일이지, 이 세 가지를 꼭 쓰라고 알려줍니다. 그러면 어느 정도 기준이 생기기 때문에 훨씬 쉽게 요약할 수 있습니다. 이렇게 반복하면 아이들이 이야기를 들으면서 주인공 이름 같은 걸 메모하면서 듣게 됩니다.

2단계: 주제 찾기

요약하는 연습이 되었다면 그다음에는 한 단계 더 나아가 이야기의 주제를 찾는 연습을 합니다. 보통 5~6학년이 되면 제법 글을 잘 쓰기 때문에 이때 해보는 게 좋습니다. '이 이야기의 주제가 무엇인가'를 한 문장이나 단어로 써보는 거죠. 앞서 사자와 인간의 이야기는 '맹수와 인간의 진심 어린 우정'과 같은 주제를 찾을 수 있을 것입니다. 그런데 주제는 정답이 하나가 아닙니다. 보는 관점에 따라 달라질 수 있죠. 〈흥부와 놀부〉의 주제를 쓰라고 하면 누군가는 '찢어진 형제의 우애'라고 할 수도 있고, 또 누군가는 '빈부격차 문제'라고 할 수도 있습니다.

주제를 쓰면 자연스럽게 아이가 이 이야기를 어떻게 받아들였고 뭘 느꼈는지로 연결됩니다. 주제가 '찢어진 형제의 우애'라고 한 아이는 "형제끼리 이렇게 사이가 나쁘다니 안타까웠어요."라고 소감을 말할 수 있겠죠. 또 주제가 '빈부격차 문제'라고 적은 아이는 "놀부는 부자면서 베풀지 않고 가난한 흥부를 괴롭혀서 나빠요."라고 소감을 말할 수 있습니다.

이렇게 아이 나름의 주관적인 의견과 생각을 쓰게 하는 게 좋습니다. 논술은 결국 자신의 의견을 논리적으로 설명하는 것이니까요.

3단계: 쟁점이 있는 글쓰기

마지막 3단계는 쟁점이 있는 글쓰기를 하는 것인데, 다시 말해 찬성과 반대가 있는 글을 써보자는 거죠. 본격적인 논술 연습에 들어가는 겁니다. 예를 들면 맹수와 인간의 우정 영상에 대해 '인간과 맹수는 친구가 될 수 있을까?'라는 질문을 던집니다. 이 질문에 대해 자신이 생각하는 바를 써보라고 하는 거죠.

어떤 아이는 친구가 될 수 있다고 주장하고, 어떤 아이는 친구가 될 수 없다고 씁니다. 어느 쪽이든 저는 그 결론에 도달하기 위해 설득하는 글을 써보라고 합니다. 이왕이면 양쪽 의견으로 다 써보는 게 좋습니다.

이걸 써보게 하면 논리에 오류가 나와요. 예를 들어 자신의 반려견 얘기를 하면서 인간과 동물은 친구가 될 수 있다고 주장하는 친구가 있어요. 그런데 질문을 다시 보면 동물이 아니라 '맹수'라고 했죠. 비슷한 것처럼 보여도 맹수는 성질이 사나운 짐승을 말하기 때문에 사람에게 길든 반려견과 비교하는 건 무리가 있습니다. 여기서 어휘력과 문제를 파악하는 능력을 잡아줄 수 있습니다.

《보바리 부인》을 쓴 작가 귀스타브 플로베르(Gustave Flaubert)는 일물일어설(一物一語說)을 주장했습니다. 즉, '하나의 사물을 적확하게 나타내는 말은 하나밖에 없다.'는 거죠. 사물뿐 아니라 한 가지 생각을 나타내는 적확한 말도 하나밖에 없다고 봅니다. 물론 적확하지 않다고 해서 틀린 것은 아니지만 적확한 어휘를 사용하려고 노력하고 연습하면 글이 훨씬 치밀해집니다.

한편 맹수와 친구가 될 수 없다고 주장한다면 이에 대한 이유를 몇 가지 댈 수 있겠죠. 일단 맹수는 인간과 커뮤니케이션이 안 된다. 또한 맹수는 행동이 예측 불가능하고 한 번의 실수로 치명적인 피해를 입을 수도 있다. 이런 이유로 맹수와 친구가 되기는 어렵다고 결론 내릴 수 있겠죠. 또 영상에서 본 것은 아주 예외적인 경우로 사자가 어렸을 때부터 키웠다는 등의 전제조건이 있으며 이를 일반화하기 어렵다고 지적할 수 있습니다.

반대로 어려서부터 키우면 맹수와도 친구가 될 수 있다고 주장할 수도 있어요. 영상과 같은 경우가 있기 때문에 아예 불가능하다고 단정할 수 없다고 말할 수 있죠.

이렇게 양쪽 의견에 대해 글을 써보면서 다양한 시각으로 사안을 바라보는 연습, 또 어떤 주장이라도 논리적으로 전개하는 연습을 할 수 있습니다. 이런 과정을 통해 세상을 바라보는 시야도 넓어집니다.

쟁점이 있는 글쓰기까지 연습하면 어떤 논술도 가능해진다고 자신할 수 있습니다. 여기서 더 나아가면, 대입 논술이 되는데요. 여러 지문을 두고 공통 주제를 찾아서 그 주제에 대해 논해보라는 식으로 꼬아놓는 문제가 나오죠. 그러나 기본적으로 글의 주제를 파악할 수 있고 하나의 주제에 대해 논리적으로 서술하는 능력을 갖췄다면 어떤 응용문제가 나와도 대응할 수 있습니다.

울릉도 초등학교에서 제게 논술을 배웠던 아이들이 어느덧 훌쩍 자라 대학교에 진학했습니다. 그중 경북에 있는 한 의과대학에 간 친구가 감사하다며 연락을 해왔어요. 그래서 조심스럽게 그때의 논술 수업이 도움이 되었느냐고 물어봤습니다. 그랬더니 그전에는 독서하는 법도 모르고 요약하는 법도 몰랐는데 그때를 계기로 독서를 시작했고 논술에도 아주 큰 도움이 되었다고 하더군요. 기특하기도 하고 제가 가르친 방법이 틀리지 않았다는 생각에 뿌듯하기도 했습니다. 요령을 가르쳐주면 아이들은 금방 흡수합니다. 그리고 이것이 재미있다고 느끼게 되면 그다음부터는 억지로 공부를 시키거나 사교육에 돈을 들일 필요가 없습니다.

겉만 번지르르한 말재주가 아니라 단단하고 알찬 내면을 바탕으로 진정으로 말 잘하는 사람은 글도 잘 씁니다. 논리를 가지고 그것을 말과 글로 표현하는 연습을 꼭 시켜주세요. 꼭 입시뿐 아니라 글로 자신의 의견을 전달하고 상대방을 설득할 수 있는 능력을 갖추게 해준다면 아이가 세상을 살아가는 데 엄청난 무기를 쥐여주는 것입니다.

3단계 논술 실전 연습

책이나 영상 제목

1단계

책이나 동영상의 줄거리를 써보라.

부모의 역할   주인공이 누구인지, 사건이 발생한 장소가 어디인지, 언제 일어난 일인
지 꼭 쓰도록 지도한다.

아이의 답

2단계

책이나 동영상의 주제를 써보라.

부모의 역할   주제를 쓸 때는 한 문장을 넘지 않게 요약하도록 지도한다.

아이의 답

3단계

책이나 동영상에 나타난 쟁점에 대해 주장해 보라.

부모의 역할   책이나 동영상에 나타난 쟁점을 골라 질문을 던진다.
              양쪽 의견에서 모두 생각해 보게 지도한다.
아이의 답

꼭 한자를 알아야 할까?

　　우리 언어생활에서 영어가 중요해졌죠. 그래서 학부모들도 아이가 어릴 때부터 영어 유치원이다 뭐다 해서 영어를 교육하는 데 혈안입니다. 물론 글로벌 시대에 영어는 굉장히 중요합니다. 그런데 만약 한글을 깨우치기 전에 영어부터 배운다면 이 순서는 좀 잘못됐다고 생각해요. 언어의 문법 체계라는 것이 다르긴 해도 언어는 결국 비슷해요. 국어가 안 되는 아이들은 영어도 안 되고 국어를 잘하는 아이들은 영어도 잘합니다.

　　영어는 아이가 태어나면서부터 영어 노래를 틀어주면서 가르치려고 노력하는 반면 한자 교육은 등한시하죠. 심지어 한글 전용을 주장하는 사람도 있습니다. 그 결과 한자어를 모르는 사람이 참 많이 늘어났습니다. 그러면서 맞춤법을 틀리는 경우도 많이 보여요. 예를 들어 "내가 아는 지인이 말이야."라고 말하는 경우가 있는데 지인(知人) 자체가 '아는 사람'이라는 뜻인데 이 한자를 모르니 앞에 '아는'이라고 동어 반복을 하는 사람이 많습니다. 이건 간단한 예이고 사실 틀려도 별 지장이 없지만 문제는 공식 석상에서의 스피치나 논술 등에서도 이런 실수를 반복하게 된다는 겁니다.

　　2020년 국립국어원이 전국의 만 20~69세 성인 남녀 5천 명을 대상으로 신문, 방송에 나오는 말 중 의미를 몰라 곤란함을 겪은 적이 있는지 물었습니다. 그랬더니 곤란했던 경험이 자주 있다는 응답이 36.3%, 가끔 있다는 응답이 52.7%로 무려 89%가 어려운 용어 때문에 불편을 겪었다고 했습니다. 또한 곤란함을 겪은 말로는 전문용어가 53.3%로 가장 많았고, 어려운 한자어가 46.3%로 두 번째를 차지했어요. 이처럼 한자어를 어렵게 느끼는 사람이 많은 겁니다.

부정할 수 없는 사실은 우리말을 잘하려면 한자도 잘 알아야 한다는 것입니다. 좋든 싫든 우리는 한자 문화권이기 때문에 우리말의 70%는 한자어예요. 그러니 한자를 알아야 어휘력이 커집니다. 특히 전문용어나 전공 용어 등에서 한자를 많이 쓰기 때문에 국어 실력을 키우고 경쟁력을 갖추려면 한자를 반드시 알아야 합니다. 또한 우리말에는 동음이의어가 많아서 한자로 쓰지 않으면 의미를 구별하기 힘든 경우도 많습니다.

한자 교육의 시기에 대해서도 다양한 의견이 있을 수 있지만 저의 경우에는 아이들이 초등학교 고학년쯤 되었을 때부터 자연스럽게 한자와 친숙해지도록 했는데요. 그 방법은 바로 사자성어를 활용하는 것이었습니다. 사자성어에는 대부분의 스토리가 있어요. 사자성어라고 하면 어려워 보이는데 이것을 이야기로 들려주면 아이들이 귀를 기울여요. 마치 옛날이야기처럼 들리는 거죠.

예를 들어 '새옹지마'를 가르친다고 해봅시다. 중국 국경 지역에 한 노인이 살고 있었는데 어느 날 노인이 기르던 말이 국경을 넘어

오랑캐 땅으로 달아났습니다. 사람들은 이 소식에 안타까워했습니다. "그 좋은 말이 달아나버렸다니 어쩌면 좋습니까." 그러나 노인은 태연하게 말했어요. "이 일이 좋은 일이 될지 누가 압니까." 그런데 정말 얼마 뒤에 노인의 말이 오랑캐 말과 함께 돌아왔습니다. 사람들은 다시 노인을 축하했죠. 그런데 이번에는 노인이 이렇게 말합니다. "이 일이 나쁜 일이 될지 누가 알겠소."

얼마 후 노인의 아들이 오랑캐 말을 타다가 떨어져서 다리를 다쳤습니다. 사람들은 노인을 위로했는데 노인은 이번에도 태연합니다. "이 일이 좋은 일이 될지 누가 압니까." 그 후 오랑캐가 쳐들어와서 남자들이 싸우다가 죽었는데 노인의 아들은 살아남았습니다. 다리를 다쳐서 전쟁에 나가지 못했기 때문이죠. 이 이야기에서 노인을 뜻하는 '변방 새(塞)', '늙은이 옹(翁)'에다 '의'를 뜻하는 '어조사 지(之)'와 '말 마(馬)'를 합쳐서 새옹지마라는 말이 나왔습니다. 살면서 좋은 일과 나쁜 일은 항상 바뀌어서 미리 알기 어렵다는 말입니다.

만약 아이가 자전거를 잃어버려서 풀이 죽었다면 이 사자성어를 알려주는 겁니다. 이게 백 마디 위로보다 훨씬 낫거든요. 게다가 이렇게 들은 사자성어는 절대 잊어버리지 않습니다. 비슷한 사자성어로 '전화위복'까지 알려주면 더 공부가 될 것입니다. 전화위복은 화가 바뀌어 오히려 복이 된다는 뜻이죠. 아이가 나름 공부를 열심히 했는데 시험을 못 봐서 실망했다면 "왜 이렇게 시험을 못 봤어!"라고 혼내기보다

"이걸 계기로 더 열심히 하면 전화위복이 될 거야."라고 얘기해 주세요.

이렇게 사자성어를 얘기해 주는 데서 그치지 않고, 아이가 다시 이야기해 보도록 유도하는 것도 추천합니다. 시험 보듯이 물어보거나 아이를 다그치는 게 아니라 "그 새옹지마가 어떤 이야기였더라? 엄마가 갑자기 기억이 안 나네?"라고 모르는 척 묻는 거예요. 그러면 아이가 "나는 아는데?"라고 하면서 신나게 알려줘요. 그러면서 말하기 연습도 되는 거죠.

이처럼 사자성어에는 스토리가 네 자에 함축되어 있어서 주제어를 찾는 공부도 되고 지혜도 줍니다. 특히 초등학교 시기에 한 글자씩 알아가면서 느끼는 성취감은 학습 의욕을 북돋는 데도 효과적입니다. 만약 같은 한자 문화권인 일본어나 중국어를 배운다면 더할 나위 없이 도움이 되고요.

초등학교 때부터 학교에서 한자를 가르칠 것이냐 하는 문제에 대해서는 논란이 많습니다. 당장 결론이 날 문제가 아니라면 가정에서 부모가 최소한의 한자 교육은 했으면 하는 바람입니다. 아이와 재미있게 퀴즈를 내고 반복해서 한자어에 대해 질문하고 답하는 것으로 충분합니다. 꼭 사자성어가 아니더라도 일상에서 많이 쓰고 텔레비전에서 자주 나오는 한자어가 어떤 의미를 가지고 있는지 뜯어보는 거죠. 이런 소소한 교육이 아이가 자랄수록 큰 도움이 될 것입니다.

아이와 함께하는 한자 놀이

사이버서당(cyberseodang.or.kr)에서 아이들을 위한 한자 놀이를 소개해 놓았습니다. 한자 카드를 가지고 재미있게 한자를 배우는 방법이죠. 요즘은 부모도 한자를 잘 모르는 경우가 많은데 아이와 같이 공부한다는 생각으로 다음 놀이를 해봅시다.

많이 많이 가지기

1. 한자 카드를 20장 정도 늘어놓는다.

2. 부모가 한자 카드의 뜻과 음을 말한다.

3. 아이가 해당하는 카드를 재빨리 찾아 가져간다.

4. 아이가 모르는 것은 부모가 가져간다.

5. 카드를 많이 가져간 사람이 이긴다.

카드 책 만들기

1. 한자 카드와 노트를 준비한다.

2. 한자 카드를 노트에 붙이게 한다.

3. 만들어진 노트를 넘기면서 뜻과 음을 읽게 한다.

한자 카드 밟기 놀이

1. 한자 카드를 바닥에 펼쳐놓는다.

2. 부모가 한자의 뜻과 음을 말한다.

3. 아이가 해당하는 한자 카드를 밟는다.

4. 잘 모르는 한자는 여러 번 밟도록 한다.

소리 내어 말하기

1. 한자 카드를 20장 정도를 쌓아놓는다.

2. 가위바위보를 해서 이긴 사람이 제시된 한자의 뜻과 음
   을 말하고 가져간다.

3. 많이 가져간 사람이 이긴다.

마음을 움직이는 글쓰기

　　1987년 영국 런던에서 언론학 석사 학위를 받은 후 박사 과정을 밟고 있을 때였습니다. 여러분도 알다시피 1991년에 걸프 전쟁이 터져서 저도 그곳에 취재를 하러 가게 됩니다. 당시 인천에 있던 집의 전세금을 빼서 등록금을 내고 공부를 하고 있던 처지였는데 걸프 전쟁에 취재를 가느라 다음 학기 등록금을 다 썼어요. 대책 없이 쓴 건 아니었습니다. 제가 기사를 보내기로 한 언론사에서 취재를 끝낸 다음에 비용을 지급하겠다고 약속했기에 그렇게 한 것이죠. 그런데 50일간의 취재를 끝낸 다음에도 취재 비용을 못 받는 바람에 등록금을 내지 못하게 되어버렸어요. 아내는 공무원이었지만 둘째 아이를 낳느라 휴직한 상태여서 수입이 없었어요. 손 벌릴 사람 하나 없어서 정말 너무나도 절박한 상황이었습니다.

　　그런데 문득 한 사람이 떠오르더군요. 전에 제가 쓴 기사가 〈시사저널〉에 실린 적이 있어, 그것을 계기로 〈시사저널〉의 당시 발행인이었던 최원영 회장님을 만난 적이 있었습니다. 왜 하필 그때 최 회장님이 떠올랐는지 모르겠습니다. 그저 막연히 그분이라면 학비를 빌려줄 수도 있지 않을까 하는, 터무니없지만 지푸라기라도 잡고 싶은 마음이 들었어요. 고민 끝에 저는 그분에게 편지를 보냈습니다. 처음에는 구구절절한 내용으로 세 장을 썼어요. 그런데 생각해 보니 바쁜 분인데 이렇게 긴 글을 다 읽을까 싶더라고요. 그래서 아주 짧게 썼습니다. 이렇게 말이죠.

"회장님 안녕하십니까? 제가 지금 어려운 처지에 있습니다. 제 마지막 등록금을 좀 내주십시오. 한 번 만난 인연으로 이런 요구가 너무나 터무니없다고 생각되면 이 편지를 쓰레기통에 넣어주십시오. 죄송합니다."

눈 딱 감고 편지를 보냈지만, 사실 별 기대는 없었던 것 같습니다. 그도 그럴 것이, 누가 한 번 만난 사람에게 그렇게 큰돈을 빌려주겠습니까. 그 당시 5천 파운드는 1천만 원이 넘어요. 저는 어떻게든 학비를 벌어보겠다고 통역 일을 얻어서 하기 시작했습니다. 그런데 편지를 보낸 지 한 달이 지나서 전화가 왔어요. 〈시사저널〉의 직원이라면서, 회장님이 등록금을 내주라고 했다는 거예요. 너무 놀라서 저도 모르게 "아악!" 하고 소리를 지르고 말았습니다. 학업을 포기해야 하나 굉장히 고민이 많았던 결정적인 시기에 그런 도움을 받은 것이 제 인생의 큰 전환점이 되었어요.

말과 글은 제가 지금까지 살아오는 데 생명줄이 되어줬습니다. 위기에 처했을 때마다 화려한 미사여구나 허황된 약속이 아니라 마음을 담은 말과 글이 저를 도와줬습니다. 하늘은 도움을 받을 자격이 있는 자에게 도움을 준다고 믿습니다. 그런데 더 중요한 건, 그걸 말과 행동 그리고 글로 입증하는 것입니다.

제가 대학교에서 학생들을 가르칠 때 이런 과제를 냈었어요. 부모님을 설득하는 편지를 써보라고 한 거죠. 학생 입장에서는 디지털 시대에 무슨 편지냐고 생각했을지 모르겠습니다. 하지만 편지라는 것이 사실 대단히 좋은 글쓰기 연습입니다. 문장과 문단을 구성해서 논리적으로 상대방을 설득해 보는 거예요. 주제가 있는 글쓰기를 연습하는 게 필요합니다.

그다음에는 부모님께 감사 편지를 써보라는 과제를 내줬어요. 학생들에게 물어보니 부모님에게 감사는 한다는데, 글로 쓰라고 하니 다들 난감해하더라고요. 쓰는 데서 끝이 아니라 부모님에게 직접 주고 피드백까지 받아 오라고 했습니다. 상대방에게 잘 전해져야 글을 쓴 목적이 달성되는 거니까요. 이메일로 쓰는 것도 좋지만 부모님들이 연세도 있을 테고, 이메일과 편지지는 느낌부터 다르니 진심을 전하는 데는 직접 편지지에 쓰는 게 더 효과적일 것이라고 추천했어요.

그러고 나서 다음 시간에 과제를 발표하게 했는데 학생 하나가 울먹이면서 말하더군요. 집이랑 떨어진 지역으로 대학교를 와서 3년째 부모님과 떨어져 있었지만 편지를 쓴 건 처음이었다고 했어요. 편지를 받은 아버지에게서 전화가 걸려왔는데 "우리 딸 다 컸구나. 대학교 가더니 이런 편지도 쓰고. 나 오늘 기분이 좋아서 한잔했다. 내 카드로 원피스 한 벌 사 입어!"라고 했다는 겁니다. 이런 게 바로 말과 글의 힘입니다. 상대방의 마음을 움직이는 거죠.

결국 말하기와 글쓰기를 잘하려면 다른 사람의 마음에 공감할 줄 알아야 하고 진실된 마음을 효과적으로 표현할 수 있어야 합니다. 우리 아이들이 말과 글이라는 수단을 통해 더 많은 사람과 소통하고 자신을 더 넓게 확장할 수 있도록 도와주세요.

좋은 스피치를 위한 10가지 기술

스피치 커뮤니케이션은 대인 관계, 조직 생활, 비즈니스 등
에서 매우 중요한 역할을 합니다. 커뮤니케이션을 성공적
으로 수행하기 위해서는 멋진 스피치를 해낼 수 있어야 하
죠. 미국의 버락 오바마 전 대통령은 마음을 움직이는 멋진
스피치 커뮤니케이션을 구사하는 성공한 지도자로 유명합
니다. 그의 훌륭한 스피치 커뮤니케이션의 비법은 이미 다
양하게 분석됐는데, 작은 변형이나 응용은 있었지만 기본
적인 원리는 성공하는 스피치를 위한 조건들과 동일했습
니다. 아이가 본격적으로 발표나 연설을 할 나이가 되었다
면 다음의 열 가지 기술을 고려해 연습을 하면 좋습니다.

1

구성하라

길든 짧든 말의 시작과 끝, 메시지를 정리하고 구성해야
합니다. 특히 시작과 끝을 어떻게 할 것인지는 반드시 미
리 생각해서 깔끔하게 정리해야 합니다. 시작은 스피치
전체의 성패를 결정하고, 마무리는 핵심 메시지를 어떻게
강렬하게 남기느냐를 결정하는 변수가 됩니다.

2

핵심 워딩을 생각하라

생각은 말보다 수십 배 빠르게 움직입니다. 스피치를 하
다가 잡음이나 횡설수설이 길어지면 핵심은 흐트러지고
상대는 쉽게 집중력을 잃게 되죠. "네가 할 스피치를 한
문장 혹은 한 단어로 요약한다면 뭐가 될까?"라는 질문을
아이와 함께해 보는 게 좋습니다. 그것이 바로 스피치가
끝난 뒤 청중의 기억에 남아야 하는 핵심 워딩입니다.

명언, 사례, 통계를 인용하라

스피치의 품격을 높여주고 촌철살인의 메시지를 전하는
데 명언만큼 좋은 것이 없습니다. 다만 적절하게 사용하
지 않으면 말의 흐름을 끊고 주제를 흐트러뜨릴 수 있으
므로 주의해야 합니다. 또한 사례나 통계는 메시지를 뒷
받침해 주고 신뢰감을 더해줍니다. 스피치와 관련된 명
언, 사례, 통계를 찾아보고 적절하게 인용하면 스피치가
더욱 풍부해집니다.

4

상대와 장소를 가리지 말고 연습하라

가시에 찔리지 않고서는 장미꽃을 모을 수 없듯 무엇을
하든 연습이 최고의 스승입니다. 말하기에도 연습이 필요
합니다. 주제와 대상을 다양하게 바꿔보면서 스토리텔러
역할을 해보는 것이 좋습니다. 부모든 친척이든 이웃이든
혹은 친구들이든, 누구를 대상으로 하든 말하기를 좋아하
게끔 유도해 주세요. 상대가 내 이야기를 듣고 즐거워해
야 말할 맛이 나겠죠. 아이에게 항상 칭찬하고 적극적인
리액션을 보여주어야 아이가 말하기를 즐겁게 여깁니다.

메모광이 되라

좋은 말이나 명언 등은 평소에 메모해 두어야 합니다. 기억에 의존하는 데는 한계가 있고 갑자기 찾으려고 하면 잘 안 되는 법입니다. 구체적인 수치와 연도, 재미난 예 등도 메모해 두는 것이 좋습니다. 수업을 듣거나 책을 읽을 때는 다 알 것 같은데 지나가면 잊어버리고 내 것이 되지 않습니다. 자신의 머리가 아니라 메모의 힘을 믿도록 가르쳐야 합니다.

6

말을 위해 글쓰기를 생활화하라

글은 사람의 사고를 치밀하게 해줍니다. 말은 대충해도
되지만 글은 주부와 술부 등이 일치해야 하고 기승전결
등이 맞아야 합니다. 글이 정리되는 사람은 말도 쉽게 할
수 있어요. 남을 설득하거나 자신의 슬픔, 기쁨 등 감정을
표현하는 글쓰기는 말하기의 바탕이 됩니다. 글쓰기를 생
활화하는 사람은 말도 잘하는 것이 보편적이고 말은 글과
함께 간다는 점을 기억합시다.

독서하라

책은 말의 보고입니다. 독서를 하면 우선 어휘력이 늘고, 풍부한 어휘력은 성공 스피치의 필수 요건입니다. 또한 인용할 수 있는 표현과 사례 등은 독서를 통해서만 가능합니다. 게다가 독서를 하면 성공하거나 실패한 많은 사람의 이야기를 간접체험할 수 있고, 거기서 인생의 지혜를 얻을 수 있습니다. 독서의 힘은 대화 속에서 자연스럽게 드러납니다. 이는 자신의 인격을 드러내는 멋진 방법의 하나가 될 것입니다.

8

신문이나 시사잡지를 보고 메모하라

이것은 논술을 위해서도 좋은 방법인데요. 신문이나 시사잡지의 칼럼을 보게 되면 논리력이 길러질 것이고, 대화나 스피치에 필요한 정보나 뉴스 자료도 얻을 수 있습니다. 시대의 흐름을 읽는 데 신문만 한 것이 없습니다. 우리아이들에게는 아직 어려울 수도 있습니다. 쉬운 것부터조금씩 보여주고 흥미를 갖게 해주는 게 좋아요. 나이가들수록 세상 돌아가는 원리나 내용을 모르면 화젯거리가빈약해지는 법입니다.

9

가식, 자기 자랑은 금물이다

유머가 있는 자기 자랑은 애교가 될 수 있지만 진지하게 자기 자랑만 늘어놓는 사람의 말을 듣고 싶은 사람은 없습니다. 비록 그것이 사실이라 하더라도 듣는 사람 입장에서는 거북할 수 있어요. 대신 자신의 실패담, 좌절의 아픈 경험을 얘기하는 것은 오히려 도움이 됩니다. 아이들은 해맑게 자기 자랑을 할 수도 있습니다. 자신감 있는 것과 자랑하는 것은 다르다는 걸 알려주세요. 가식이나 과장, 거짓말을 해서도 안 된다는 걸 알려주세요. 한두 번은 효과가 있을 수 있지만 진실이 밝혀지면 '허풍쟁이'로 낙인찍히며 진실조차 받아들이지 않게 됩니다. 양치기 소년의 이야기가 주는 교훈은 스피치에도 적용됩니다.

유머를 전달하기 위해 아이디어를 짜라

상황과 대상에 맞게 유머를 몇 개는 준비하는 게 좋습니다. 다만 분위기에 맞게 잘 전달하면 유머가 상황 전체의 분위기를 살려주기도 하지만 썰렁할 경우 시도하지 않은 것만 못할 수도 있어요. 유머를 해야 한다는 강박관념을 가질 필요는 없습니다. 반드시 웃겨야 하는 것은 아닙니다. 유머는 딱딱한 분위기를 바꿔주기도 하고 장시간 집중하고 있는 상대에게 잠시 휴식을 줄 수 있기 때문에 강조하는 것입니다. 그런 다음에 다시 집중력을 발휘하는 것이 효과적이기 때문에 필요한 것일 뿐 모두가 코미디언이 되어야 한다는 건 아닙니다. 그저 미소 지을 수 있을 정도의 가벼운 농담을 준비해서 상황에 맞게 말하면 됩니다.

아이의
말하기 능력은
부모와의 소통으로
자란다

상어는 참 특이한 물고기입니다. 상어는 바다의 최강자인데 부레가 없어요. 부레가 없으면 가라앉기 때문에 끊임없이 움직여야 합니다. 그래서 상어는 잘 때도 멈추지 않고 끊임없이 꼬리를 흔들죠. 부레가 없다는 치명적인 핸디캡을 극복하기 위해 상어는 다른 동물보다 더 부지런히 움직입니다. 바다의 강자가 된 것도 그 덕분일 것입니다. 왜 갑자기 상어 이야기를 하느냐고요?

저는 머리가 나쁜 편이라서 노력하지 않으면 안 된다고 생각했습니다. 삼수생이었고 건국대 축산대 출신이기 때문에 국문과나 신방과를 나온 사람들보다 말하기와 글쓰기 실력이 떨어진다고 생각했습니다. 그래서 상어처럼 부지런히 움직였더니 그나마 작은 성과를 얻었습니다. 결점에 매몰되기보다 그것을 계기로 남들보다 더 움직이면 생각보다 더 큰 성과를 낼 수 있다는 걸 깨달았어요.

울릉도에서 자라던 어린 시절, 아버지는 늦잠 자는 걸 허용하지 않았습니다. 그게 습관이 되어 지금도 알람 시계를 맞출 필요도 없이 아침에 벌떡벌떡 일어납니다. 그 덕에 아침 시간을 활용해 생산적인 일을 많이 할 수 있었고 열심히 산 덕에 지금의 제가 있다고 생각합니다. 좋은 습관을 갖게 해준 아버지께 감사하는 마음이 큽니다. 어릴 때 한번 생긴 좋은 습관은 평생의 길라잡이가 되어줍니다.

아이가 어릴 때 습관을 잡아줄 수 있는 사람이 바로 부모입니다. 우리가 가정교육이라는 말을 많이 하지만 가정교육은 곧 좋은 습관을 심어주는 것입니다. 학업 또한 어릴 때 길러준 습관이 좌우합니다. 책 읽는 습관, 기록하는 습관, 자신을 표현하는 습관 등이 아이가 학교는 물론 사회에 나갔을 때 성공으로 연결됩니다.

부모가 얼마나 교육을 잘 시키느냐는 얼마나 공부를 많이 시키느냐, 사교육에 돈을 많이 들이느냐가 아닙니다. 자식에게 애정을 갖고 지도해 주느냐입니다. 저는 부모가 아이를 사랑하는 기본적인 태도만 갖췄어도 훌륭하다고 생각합니다. 당연한 것 같아도 그렇지 못한 부모가 생각보다 참 많습니다.

인제대학교 교수 시절, 학교에서 입양 프로그램을 만들어 담당하게 되었을 때의 일입니다. 해외 입양인들에게 한국어와 한국 역사를 가르쳐주고, 때로는 대학생들이 모여 외국으로 입양된 우리나라 아이들의 부모를 찾아주는 프로그램이었습니다. 부모를 찾고 싶다고 의뢰한 학생 중에 영식이라는 친구가 있었습니다. 영식이는 다섯 살 때쯤에 대구 동성로에 버려졌습니다. 영식이가 기억하기로는 부모님이 매일 싸웠고 아버지가 술만 마시는 데다 가정 폭력까지 휘둘렀다고 해요. 어머니가 집을 나가면서 "이 아이를 돌봐주세요."라는 쪽지와 함께 아이를 버린 겁니다. 영식이는 결국 미국으로 입양되어 '앤드류'가 되었습니다.

　　그로부터 14~15년이 지난 뒤에 우리 프로그램에서 부모를 찾았는데 어머니는 끝내 못 찾고 아버지를 찾았어요. 그동안 아버지는 처와 자식을 잃고 나서야 개과천선해서 새로운 가정을 꾸리고 열심히 일하며 살고 있었어요. 그런데 이상하게 자식은 생기지 않았다고 해요. 그러다 보니 아들에 대한 그리움이 컸던 것 같더군요.

　　그러다가 세월이 흐른 뒤에 갑자기 아들이 나타났으니 이 아버지는 엄청나게 기뻐했습니다. 이제부터 자신과 같이 살자고 당연한 듯이 제안했어요. 하지만 영식이, 아니 앤드류의 생각은 전혀 달랐죠. 앤드류에게는 지금의 양아버지가 자신의 아버지니까요. 그저 나를 왜 버렸는지, 어떻게 살고 있는지 봤으니 됐다는 겁니다. 미국인이 되기도 쉽지 않았지만 다시 한국인이 되는 건 더 어렵다고 했어요. 저도 자식이 있는 사람으로서 그때 느낀 게 많습니다. 자식을 사랑으로 키우지 않으면 반드시 그 대가를 받는다는 걸 아주 극적인 형태로 목격했어요.

그러니 자식을 어떻게 하면 잘 기를지, 어떻게 하면 더 잘 교육할 수 있을지 고민하는 여러분은 이미 절반의 성공은 거둔 거라고 생각해요. 자녀 교육서를 찾아 읽고 공부하고 자식을 위해 뭔가를 더 하려고 하는 부모라면 더딜지는 모르지만 반드시 성공할 것입니다. 자녀 교육은 곧 부모 교육입니다. 실수할 수도 있어요. 하지만 같은 실수를 반복하지 않도록 원인을 기록하고 부모도 노력해야 합니다. 자식에게 준 사랑만큼, 투자한 시간만큼 부모에게 돌아오고, 그 반대의 시간 역시 언젠가는 돌아와서 대가를 치르게 됩니다. 자식에 대한 애정과 관심의 표현이 곧 아이는 물론 부모 자신의 미래를 위한 투자입니다.

마지막으로 이 책을 쓸 수 있는 밑거름을 마련해 준 제 아이들에게 고마움과 사랑을 전합니다. 딸 덕에 말하기를 어떻게 하면 더 재미있게 가르칠 수 있을까를 고민할 수 있었습니다. 제게 지혜와 끈기를 가르쳐주었습니다. 또 아들은 서로 책을 추천하고 지식을 나누는 좋은 친구로 자라주었습니다. 이제는 아들과 딸에게 배울 정도입니다. 두 아이 모두 부모가 애쓴 이상으로 훌륭하게 자라준 것은 축복이라고 생각합니다. 또한 두 아이를 함께 키워온 아내에게도 감사하고 사랑한다고 말하고 싶습니다.

질문하고 소통하는 아이로 키우는

말하기의 힘

1판 1쇄 인쇄 2022년 9월 6일
1판 1쇄 발행 2022년 9월 16일

지은이 김창룡

펴낸이 김유열 | **지식콘텐츠센터장** 이주희 | **지식출판부장** 박혜숙
지식출판부·기획 장효순, 최재진 | **마케팅** 이정호, 최은영

글 정리 조창원 | **책임편집** 김민영
디자인 온마이페이퍼 | **표지 일러스트** 소라 | **인쇄** 우진코니티

펴낸곳 한국교육방송공사(EBS)
출판신고 2001년 1월 8일 제2017-000193호
주소 경기도 고양시 일산동구 한류월드로 281
대표전화 1588-1580 **홈페이지** www.ebs.co.kr
이메일 ebsbooks@ebs.co.kr

ISBN   978-89-547-6833-7 (03370)

ⓒ 2022, 김창룡